KB200871

크리스토퍼 라이트의
성령의 열매

크리스토퍼 라이트의

성령의 열매

지은이   크리스토퍼 라이트
옮긴이   박세혁
만든이   김혜정
기획위원   김건주
디자인   홍시 송민기
마케팅   윤여근, 정은희
출간일   초판 1쇄 2019년 11월 12일
             초판 3쇄 2024년 11월 12일

발행처   도서출판 CUP
출판신고   제 2017-000056호(2001.06.21.)
주소   (04549) 서울특별시 중구 을지로 148, 803호(을지로3가, 중앙데코플라자)
전화   02) 745-7231
팩스   02) 6455-3114
이메일   cupmanse@gmail.com
홈페이지   www.cupbooks.com

ISBN   978-89-88042-17-5 03230 Printed in Korea
* 파손된 책은 구입하신 서점에서 교환해 드리며 책값은 뒤표지에 있습니다.

크리스토퍼 라이트의
성령의 열매

크리스토퍼 J. H. 라이트 지음 | 박세혁 옮김

Becoming Like Jesus

Cultivating the Fruit of the Spirit

그러면 우리는 어떻게 살 것인가?

Becoming Like Jesus

Cultivating the Fruit of the Spirit

Christopher J. H. Wright

나의 아내
리즈와
하나님이 우리에게 주신
모든 자녀와 손주들에게.

'예수 닮기'가
우리 모두의 목표가 되기를!

CONTENTS

서
문

여러 해 동안 영국 의학계에서는 다량의 과일과 채소가 포함된 건강한 식단의 중요성을 사람들에게 널리 알리는 캠페인을 진행했다. 영국 의학계에서는 모든 사람이 매일 식사에 다섯 번 이상 과일이나 채소를 먹어야 한다고 권고했다. 이 캠페인은 "하루 다섯 번"이라는 구호로 유명해졌다. 사람들은 서로 "하루 다섯 번 먹었습니까?"라고 묻곤 했다.

2013년, 영국과 아일랜드의 랭엄 파트너십(Langham Partnership)에서는 당시 대표 전무 이사인 이언 뷰캐넌(Ian Buchanan)의 지도로 사람들에게 그리스도를 닮아가도록 권면하는 캠페인을 벌였다. 랭엄 파트너십의 비전은 세계 곳곳의 그리스도인과 교회가 복음 전도를 통해 단지 수적으로 성장할 뿐만 아니라 영적으로 성숙하는 것이다. 우리는 하나님의 말씀을 먹일 때, 특히 사람들의 삶과 상황에 적절한 영향을 미치는 방식으로 말씀이 신실하고 선명하게 선포될 때 이런 성숙이 이뤄진다고 믿는다. 그래서 랭엄 파트너십의 주된 목표 중 하나는 성경적 설교의 기준을 높이는 것이다.

이 캠페인을 위해 갈라디아서 5장 22~23절에 기록된 성령의 열매에 관한 연속 성경 공부와 영상을 만들기로 했다. 이렇게 결정한 이유 중 하나는, 2011년에 작고한 랭엄 파트너십의 설립자인 존 스토트(John Stott)가 매일 아침 성령님이 자신의 삶 속에서 성령의 열매가 익어가게 하기를 기도했다는 것을 알고 있었기 때문이다. 바울은 성령의 열매를 설명하면서 아홉 덕목을 열거했기에 (당시 랭엄 프리칭의 프로그램 디렉터였던) 조너선 램(Jonathan Lamb)은 우리의 캠페인을 "하루 아홉 번 : 예수 닮기"라고 명명하자고 제안했다. 날마다 과일이나 채소를 다섯 번 먹어야 하듯이 우리는 성령의 열매를 이루는 아홉 속성을 기르기 위해 날마다 노력해야 한다. 성경 공부와 영상, "하루 아홉 번"에 도움이 되는 자료를 http://uk.langham.org/get-involved/free-lent-study-guide/과 http://www.9aday.org.uk/the-9-fruits에서 내려받아 개인과 그룹에서 사용할 수 있다.

이 캠페인을 준비하면서 나는 2012년 7월 (나의 고향인) 북아일랜드에서 열린 포트스튜어츠 케직 사경회(Portstewart Keswick Convention)에서 성령의 열매에 관한 연속 강해 설교를 하기로 했다. 이 강해 설교를 기초로 하루 아홉 번을 위한 짧고 압축된 영상을 만들었다(이 영상은 위에서 언급한 웹사이트에서 내려받을 수 있다). 또한 이 강해 설교는 이 책의 각 장을 위한 기본적인 자료가 되었다. 이 책에서 읽게 될 내용은 먼저 설교를 통해 전달되었으며, 나는 이 책에서 그런 의사소통의 형식을 바꾸거나 숨기려 하지 않았다.

이 책의 자료가 설교였다는 사실은 두 가지 의미가 있다.

첫째, 이 책은 여러분 곁에 성경책을 두고 읽어야 한다. 장마다 나는 사도 바울이 성령의 열매로 언급한 각 단어의 성서적 배경을 어느 정도 깊고 넓게 살펴보았다. 따라서 우리는 많은 성경 본문을 살펴볼 것이며, 나는 이것이 여러분의 이해를 풍성하게 하는 동시에 여러분에게 격려가 되기를 바란다.

둘째, 나는 이 책이 일반적인 그리스도인 독자들뿐만 아니라 설교자들에게 도움이 되기를 바라기 때문에 의도적으로 예화와 이야기를 많이 넣지 않았다. 설교에는 핵심 주장을 강조하고 이를 기억하기 쉽게 만들어줄 적절한 예화가 필요하기에 이것이 이상하게 보일 수도 있다. 또한, 성령의 열매의 각 항목은 사례와 이야기를 통해 풍성하게 예증될 수도 있다. 하지만 좋은 설교의 핵심 요소 중 하나는, 그것이 성경 본문에 대해 충실할 뿐만 아니라 설교자와 청중의 지역적인 맥락과도 연결되어야 한다는 것이다. 따라서 나는 영국에 있는 나 자신의 맥락에서 가져온 많은 사례를 포함하지 않았다. 대신 나는 성경 안의 이야기와 인물로부터 (하나님이 구약과 예수 그리스도 안에서 자신을 계시하시므로, 특히 성경의 주인공이신 하나님으로부터) 많은 예를 끌어왔다. 그러므로 이 책을 자신의 설교를 위한 자료로 사용하고자 하는 설교자들은 자신의 문화적 맥락에서 가져온 예를 사용해 사람들의 마음과 생각과 삶으로 다가가 영향을 미칠 수 있도록 성령의 열매를 설명하고 적용해야 할 책임이 있다. 각 장의 마지막에 있는 질문은 그렇게 하라는 권면이다. 이 질문을 사용해 각 주제에 대한 그룹 성경 공부를 시작할 수도 있다.

크리스토퍼 라이트
랭엄 파트너십 국제사역 이사

프
롤
로
그

"하늘에 계신 아버지, 오늘 제가 주님의 임재 안
에서 살고 주님을 더욱더 기쁘시게 하기를 기도합니다. 주 예
수님, 오늘 제가 저의 십자가를 지고 주님을 따르기를 기도합
니다. 성령님, 오늘 성령님이 저를 충만하게 채워 주시고 성령
의 열매, 사랑과 희락과 화평과 오래 참음과 자비와 양선과 충
성과 온유와 절제가 제 삶 속에서 익어갈 수 있도록 해주시기
를 기도합니다."

이것은 존 스토트(John Stott)가 날마다 아침에 일어나자마
자 했던 기도다. 존 스토트를 개인적으로 아는 많은 사람이 그
를 가리켜 자신이 만난 사람 중에서 가장 그리스도를 닮은 사
람이라고 말했다는 사실이 그다지 놀랍지 않다. 하나님이 그

의 삶 속에서 성령의 열매가 무르익게 하심으로써 그가 날마다 드린 기도에 응답하셨기 때문이다. 무엇보다도 하나님의 영이 하시는 일은 예수를 믿는 이들이 그들이 사랑하고 신뢰하며 따르는 그 예수를 점점 더 닮아가도록 하는 것이다. 사실 갈라디아서 5장 22~23절에 기록된 성령의 아홉 가지 열매는 예수에 대한 아름다운 묘사라고 할 수 있다. 예수는 하나님의 영으로 충만하셨으며, 성령을 통해 우리 안에 거하시는 분은 바로 그리스도이시다. 우리가 하나님의 영으로 더 충만할수록, 성령이 우리 안에 그분의 열매를 더 무르익게 할수록, 우리는 그리스도를 더 닮게 될 것이다.

이는 사도 바울의 기도이기도 했다. 존 스토트처럼 날마다 그가 이런 기도를 했는지는 알 수 없지만, 이것은 분명히 그가 자신의 사역을 통해 그리스도를 믿게 된 다른 사람들을 위해 했던 기도였다. 바울은 갈라디아의 그리스도인들에게 어머니와 같은 마음을 품었다. 그는 그들에게 "나의 자녀들아, **너희 속에 그리스도의 형상을 이루기까지** 다시 너희를 위하여 해산하는 수고를 하노니"라고 말했다(갈 4:19, 강조는 추가됨). 바울은 그리스도인들이 성령으로 충만해져서 그리스도께서 그들의 삶 전체를 안에서부터 밖으로 빚어 가시기를 간절히 바랐

갈라디아서 5:22~23

오직 성령의 열매는 사랑과 희락과 화평과 오래 참음과 자비와 양선과 충성과 온유와 절제니 이같은 것을 금지할 법이 없느니라

다. 이것이 바로 바울이 5장에서 말하는 성령의 열매가 뜻하는 바다.

하지만 성령의 열매에 관한 이 유명한 말씀은 갈라디아서 5장에 등장하기에 우리는 한 걸음 뒤로 물러나 바울이 여기서 말하는 바의 맥락과 배경을 살펴보아야 한다. 그렇게 함으로써 열매에 대한 그의 아름다운 묘사가 훨씬 덜 매력적인 다른 두 가지—예수를 따르는 이들이 철저히 거부해야 하는 두 가지—와 극명한 대조를 이루고 있음을 알 수 있다. 이에 관해서는 조금 후에 다루겠다. 먼저 함께 본문을 살펴볼 테니 성경책을 옆에 준비해두라.

바울은 안디옥교회에 의해 (현재의 터키에 해당하는) 소아시아 지방에서 이방인들(유대인이 아닌 사람들)에게 예수에 관한 복음을 전하도록 파송을 받았다. 이 이야기는 사도행전 13~14장에 기록되어 있다. 갈라디아 지역의 여러 마을에서 사람들이 바울의 설교에 반응했다. 그들은 나사렛 예수를 구주로, 구약성경에서 하나님이 약속하신 분으로(이들은 유대인들이 아니었으며 '구약'에 관해 아무것도 몰랐기 때문에 바울은 이들에게 그 의미를 설명했어야 했을 것이다) 믿는 그리스도인들이 되었다. 바울은 그들에게 이스라엘의 하나님에 관해, 그분이 아브라함에게 주신 이 위대한 약속에 관해 분명히 가르쳤다. 하나님은 아브라함에게 그와 그의 후손을 통해 "땅의 모든 족속"이 복을 얻을 것이라고 약속하셨다(창 12:1~3). 바울은 새로운 회심자들에게 이 위대한 성경의 약속에 관해 가르쳤다. 그는 그들에게 보낸 편지—우리가 '갈라디아서'라고 부르는 편지—에서 이 약속을 매우 분명히 언급하고 있다. 바울은 갈라디아의 그리스도인들에게 메시아, 즉 예수를 믿음으로써 그들이 하나님의 백성에 속하게 되었다고 단언한다. 그들 역시—(문화적으로 혹은 인종적으로 혹은 개종을 통해) 유대인이 됨으로써가 아니라, 하나님의 자녀가 됨으로써, 하나님의 은총으로 메시아 예수를 믿는 믿음으로 말미암아 하나님의 가족에 입양됨으로써—아브라함의 자녀가 되었다. 그들은 비록 이방인들이었지만 이제 하나님의 언약 백성의 일원이 되었다. 그들은 아브라함의 영적 후손에 속하게 되었다. 바울은 그들에게 "그리스도 안에 있다면 여러분은 아브라함 안에 있으며 하나님의 약속이 여러분을 위한 것입니다"라고 말하는 셈이다. 그는 이 점을 이렇게 설명한다.

그런즉 믿음으로 말미암은 자들은 아브라함의 자손인 줄 알지어다. 또 하나님이 이방을 믿음으로 말미암아 의로 정하실 것을 성경이 미리 알고 먼저 아브라함에게 복음을 전하되 모든 이방인이 너로 말미암아 복을 받으리라 하였느니라. 그러므로 믿음으로 말미암은 자는 믿음이 있는 아브라함과 함께 복을 받느니라. …
너희가 다 믿음으로 말미암아 그리스도 예수[1] 안에서 하나님의 아들이 되었으니, 누구든지 그리스도와 합하기 위하여 세례를 받은 자는 그리스도로 옷 입었느니라. 너희는 유대인이나 헬라인이나 종이나 자유인이나 남자나 여자나 다 그리스도 예수 안에서 하나이니라. 너희가 그리스도의 것이면 곧 아 브라함의 자손이요 약속대로 유업을 이을 자니라.

_갈 3:7~9, 26~29

이것이 바로 바울이 그들에게 가르쳤던 바였으며, 이것이 바로 그가 이 편지로 그들에게 상기시키고자 하는 바다.

하지만 문제가 생겼다.

바울이 이 갈라디아인들을 예수에 대한 믿음으로 이끌고 그들 가운데 교회를 세운 후에 다른 메시지를 들고 그들에게 찾아온 사람들이 있었다. 이들은 바울처럼 유대인들이었다. 아마도 이들 역시 예수를 믿는 그리스도인들—사도행전 15장 5 절에 기록된 것처럼 (바울처럼) 바리새인이었다가 그리스도인이 된 사 람들—이었을 것이다. 하지만 바울과 달리 이들은 이방인들이 예수를 믿는 것만으로는 충분하지 않다고 생각했다. 그들은 하나님이 아브라함에게 주신 약속의 축복을 원한다면 이 이 방인들이 유대교 개종자가 됨으로써 아브라함의 백성에 참여 해야 한다고 했다. 개종자란 할례를 받고 모세의 율법, 특히 안식일에 관한 율법을 지키고 유대교 관습에 따라 의례적으 로 정결한 음식만 먹음으로써 유대교 신앙에 회심한 이방인 들을 말한다. 따라서 이 교사들은 갈라디아의 그리스도인들 에게 예수 그리스도를 믿는 믿음에 더해 할례를 받고 토라를 지키는 유대인이 되어야 한다고 믿게 하려고 노력했다.

바울은 대단히 강경하게 대응한다. 이 편지의 첫 네 장을 통해 바울은 그들에게 필요한 것은 오직 그리스도라고 주장한다. 아브라함과 마찬가지로 우리는 하나님의 약속을 믿는 믿음을 통해서 구원을 받는다. 모세가 전해준 율법은 그리스도께서 오시기 전의 기간 동안 구약의 이스라엘 백성을 위해 정당하고 적절한 기능을 지니고 있었다. 하지만 메시아가 오셨기 때문에 **어느** 민족에 속한 사람이든지 메시아 예수를 믿는 믿음을 통해 아브라함의 축복을 경험할 수 있게 되었다. 따라서 그리스도를 믿는 모든 사람은—유대인이든 이방인이든—구약 율법의 규율과 권위 아래에서 살 의무로부터 해방되었다. 이제 그들은 자유 안에서 살아야 한다. 하나님을 위해, 그들 안에서 사시는 그리스도와 더불어 살아야 하며 성령과 '동행'해야 한다.

하지만 이것이 도덕적 방종으로 이어지지는 않을까? 즉 모세의 율법에 구속을 받지 않는다면 이 새로운 그리스도인들 모두가 자신이 원하는 대로 살고 예전처럼 이교도의 부도덕한 삶으로 되돌아가버리지 않을까? 바울은 아니라고 한다. 이것은 두 극단 사이의 거짓 이분법일 뿐이다. 이것이 위에서 언급한 두 가지 위험이다. 하나는 율법주의라는 극단이라고 부를 수 있고, 다른 하나는 방종이라고 부를 수 있다.

여기서 구약의 율법 자체가 율법주의가 아니라는 점을 분명히 알아야 한다. 오히려 율법은 하나님의 구원하시는 은총에 기초해 있었고, 하나님이 그 백성을 이집트에서 건져내신 다음에 그들에게 주신 것이었다. 하지만 율법은 율법주의적인 사고방식으로 **왜곡되기가** 쉽다. 그리스도인들도 토라를 지켜야 한다고 주장하는 이들은, 인종적, 언약적 정체성을 입증하는 일종의 증거로서, 하나님의 의로운 백성에 속하며 (빌립보서 3장 4~6절에서 바울이 자신에 관해 주장했듯이) 모든 의미에서 참된 유대인이라는 것을 보여주는 증표로서, 율법의 모든 규칙과 규정을 지키는 것이 정말로 중요하다고 말했다.

하지만 율법에 관한 이런 왜곡된 주장에 대한 올바른 대응은, 반대쪽 극단으로 가서 당신이 '율법 아래'에 있지 않기 때문에 당신이 원하는 대로 살고 당신이 지닌 모든 욕망을 채우며 살아도 된다고 생각하는 것이 아니다. 한쪽 극단의 율법주의(모든 규칙을 지키라)와 다른 쪽 극단의 방종(모든 규칙을 거부하라) 둘 다 그리스도인이 어떻게 살아야 하는가에 관한 물음에 대한 전적으로 잘못된 대답이다.

놀랍게도 이런 극단과 위험이 오늘날의 교회 안에도 여전히 남아있다. 한편으로 대단히 율법주의적인 그리스도인과 교회들이 있다. 이들은 모든 규칙을 지키는 것이 중요하다고 강조한다. 이들은 당신이 정말로 그리스도인이라는 것을 증

빌립보서 3:4~6

그러나 나도 육체를 신뢰할 만하며 만일 누구든지 다른 이가 육체를 신뢰할 것이 있는 줄로 생각하면 나는 더욱 그러하리니 나는 팔일 만에 할례를 받고 이스라엘 족속이요 베냐민 지파요 히브리인 중의 히브리인이요 율법으로는 바리새인이요 열심으로는 교회를 박해하고 율법의 의로는 흠이 없는 자라

명하고 싶다면 이것을 해야 하고 저것을 절대로 하면 안 된다고 주장한다. 이들은 모든 것이 엄격하고 명확하기를 원하며, 순응하지 못하거나 순응하려고 하지 않는 이들을 이해하려는 마음이 거의 없다. 반면에, 이런 종류의 율법주의에 대한 반작용으로 교회 안의 규칙이나 전통이라는 생각 자체를 거부하는 이들이 있다. 그들은 기독교 신앙의 핵심은 제도화된 종교적 의무로부터 우리를 해방시키는 것으로 생각한다. "하나님은 있는 모습 그대로 우리를 사랑하신다"라고 그들은 말한다. 따라서 그들은 규율이나 순종 같은 생각을 절대 받아들이지 않는다. 또한 이로 인해 그들은 부도덕의 유혹에 빠질 수도 있다. 결국 그들은 삶의 방식이나 생각의 방식에 있어서 주변 세상과 전혀 구별되지 않을지도 모른다.

우리는 율법을 강요하는 이들과 규칙을 거부하는 이들 사이에서 오락가락하는 것처럼 보인다. 하지만 이것은 완전히 잘못된 거짓 이분법일 뿐이다. 바울은 갈라디아서 5장에서 이 점을 강조한다. 그는 훨씬 더 나은 길—우리의 삶을 살아가는 참으로 기독교적인 방식—을 우리에게 보여준다. 이것은 그리스도를 통해 우리에게 주어진 하나님의 성령의 방식이다.

여기서 성경책을 펴고 갈라디아서 5장에서 바울이 주장하는 바의 윤곽을 따라가 보는 것이 유익할 것이다.

첫째, 바울은 그리스도의 복음이 정말로 우리를 자유롭게 했다는 점에 동의한다. 그래서 그는 갈라디아인들에게 구약의 율법을 그들에게 부과하려고 하는 이들에게 굴복하지 말고, 유대인의 정체성을 획득함으로써 이 율법에 기초해 자신의 의로움을 주장하지 말라고 말한다. "그리스도께서 우리를 자유롭게 하려고 자유를 주셨으니 그러므로 굳건하게 서서 다시는 종의 멍에를 메지 말라"(갈 5:1).

그들은 메시아 예수를 믿기 때문에 그들이 할례를 받았는지 아닌지는 중요하지 않다. 중요한 것은 그들의 믿음이 참되며 그들의 사랑으로 그 믿음이 참되다는 것이 입증되는가이다. "그리스도 예수 안에서는 할례나 무할례나 효력이 없으되 사랑으로써 역사하는 믿음뿐이니라"(갈 5:6).

하지만 곧바로 바울은 '자유'롭다는 것이 '육체'에 탐닉할 자유를 뜻하는 것이 아니라고 주장한다. 바울서신에서 '육체'는 단순히 인간의 신체를 뜻하지 않으며 우리의 타락하고 죄인 된 인간 본성을 가리키는 약칭이다(물론 우리의 몸도 포함되지만, 우리의 생각, 정서, 의지, 욕망, 감정 등을 아우르는 말이다). "형제들아 너희가 자유를 위하여 부르심을 입었으나 그러나 그 자유로 육체의 기회를 삼지 말고 오직 사랑으로 서로 종 노릇 하라"(갈 5:13).

6절과 13절의 마지막 부분에서 **사랑**을 두 차례 언급하고 있다는 것을 눈치챘는가(이 말은 14절에서 한 번 더 등장한다)? 율법주의와 방종에 대한 올바른 대답은 바로 사랑이다.

◆ 율법을 강요하는 이들에게 바울은 정말로 중요한 것이 "**사랑으로 역사하는 믿음**"이라고 말한다. 사랑은 우리가 율법

주의 없이 바르게 하나님의 율법을 성취할 수 있게 해준다.

◆ 그리고 규칙을 거부하는 이들에게 바울은 우리가 **"사랑으로 서로 종 노릇"** 해야 한다고 말한다. 사랑은 우리가 이기심 없이 바르게 우리의 자유를 사용할 수 있게 해준다.

이 점을 조금 더 설명해 보겠다. 한편으로 서로에 대한 사랑은 순종하는 마음으로, 신실하게, 즉 하나님이 의도하셨고 예수께서 가르치신 대로 하나님의 율법에 대해 반응하는 바른 방식이다. 바울은 갈라디아서 5장 14절에서 레위기 19장 18절을 인용하면서 예수께서 하신 말씀을 되풀이한다. "온 율법은 '네 이웃 사랑하기를 네 자신 같이 하라' 하신 한 말씀에서 이루어졌나니"(갈 5:14, 또한 롬 13:9~10을 보라). 이것은 예수께서 율법의 두 번째로 중요한 명령이라고 부르신 바로 그 말씀이다[첫 번째 명령은 "마음을 다하고 뜻을 다하고 힘을 다하여 네 하나님 여호와를 사랑"(신 6:5)하는 것이다].

다른 한편으로 사랑은 우리가 자유를 남용해 이기적인 탐닉을 추구하지 못하도록 막아준다. 그리스도인의 자유는 한 종류의 노예 상태(율법에 대한 복종)로부터 우리를 해방시키는

로마서 13:9~10

간음하지 말라, 살인하지 말라, 도둑질하지 말라, 탐내지 말라 한 것과 그 외에 다른 계명이 있을지라도 네 이웃을 네 자신과 같이 사랑하라 하신 그 말씀 가운데 다 들었느니라 사랑은 이웃에게 악을 행하지 아니하나니 그러므로 사랑은 율법의 완성이니라

동시에 우리를 전혀 다른 종류의 '노예 상태,' 즉 그리스도를 위한 '노예 상태―사랑으로 서로 종 노릇" 함으로써 피차 복종하는― 에 들어가게 한다.

따라서 바울이 몇 절 지나서 성령의 열매를 열거할 때 사랑을 가장 먼저 언급하는 것은 당연하다. 사랑은 **이중적으로** 중요하다!

그런 다음 자신의 주장의 절정으로 나아가기 직전에 바울은 두 집단 모두에 대해 경고한다(갈 5:15). 율법을 강요하는 이들과 규칙을 거부하는 이들은 태도와 말―입으로 하는 말과 글로 적은 말―에 있어서 서로에 대해 매우 무례해질 수 있다. 그들은 개처럼 다투고 서로 물고 뜯게 될 수도 있다. 그리고 그리스도인들 사이의 이런 갈등 때문에 교회가 완전히 파괴될 수도 있다. 바울은 조심하라고 말한다. "만일 서로 물고 먹으면 피차 멸망할까 조심하라"(갈 5:15).

마침내 바울은 자신의 '핵심 주장'을 제시한다. 만약 우리가 율법과 육체 어느 것에 의해서도 지배를 받지 말아야 한다면, 무엇이 우리가 살아가는 방식을 지배**해야 하는가**? 답은 성령이다. 바울은 본문의 처음과 중간, 마지막, 즉 16, 18, 25절에 이 답을 배치해 두었다. "성령을 따라 행하라 … 성령의 인도하시는 바가 되면 … 성령으로 살면 또한 성령으로 행할지니." 이것이 그리스도인의 삶의 핵심이다. 이것이 '그리스도 안에' 있는 사람이 되는 것이 뜻하는 바의 중심이자 비밀이다.

우리가 구약의 율법과 바른 관계 속에서 살아가게 하는 동시에 육체의 이기심을 극복할 수 있게 하는 **사랑의 능력**에 관해 말한 다음, 이제 바울은 하나님의 성령의 능력이 우리가 살아가는 방식을 지배한다면 우리가 율법주의와 방종이라는 두 극단 모두를 피할 수 있다고 설명한다. 16~18절에서 그는 이렇게 설명한다.

> 내가 이르노니, 너희는 성령을 따라 행하라. 그리하면 육체의 욕심을 이루지 아니하리라. 육체의 소욕은 성령을 거스르고 성령은 육체를 거스르나니 이 둘이 서로 대적함으로 너희가 원하는 것을 하지 못하게 하려 함이니라.²⁾ 너희가 만일 성령의 인도하시는 바가 되면 율법 아래에 있지 아니하리라.
>
> _갈 5:16~18

따라서 우리가 예수 그리스도께 '예'라고 말하고 성령께 '예'라고 말할 때, 우리는 육체에 대해 '아니'라고 말하며(우리는 행하고 싶은 대로 행하지 않을 것이며), 우리 자신의 의를 증명하는 방법으로서 우리에게 율법의 요구를 부과하기 원하는 이들에게 '아니'라고 말한다.

이 시점에서 우리는 성령을 따라 행하고 성령으로 살고 성령의 인도를 받는다는 것이 무엇을 뜻하는지 알아보아야 한다. 하지만 바울은 먼저 그 반대가 무엇인지를 분명히 알아야 한다고 말한다. '육체의 일'은 어떤 종류의 삶으로 이어지는가? 바울은 19~21절에서 암울한 목록을 제시한다.

육체의 일은 분명하니 곧 음행과 더러운 것과 호색과 우상 숭배와 주술과 원수 맺는 것과 분쟁과 시기와 분냄과 당 짓는 것과 분열함과 이단과 투기와 술 취함과 방탕함과 또 그와 같은 것들이라. 전에 너희에게 경계한 것 같이 경계하노니 이런 일을 하는 자들은 하나님의 나라를 유업으로 받지 못할 것이요.

_갈 5:19~21

이것은 어둡지만 깊은 뜻을 담고 있다. 여기에는 개인적인 것들도 있고 사회적, 문화적인 것들도 있다. 사적인 것과 공적인 것, 외적 행동과 내적 감정을 모두 아우른다. 그리고 정도의 차이가 있기는 하지만 모두 우리 주변에서 볼 수 있는 것들을 반영하고 있다. 이것은 바로 우리가 살고 있는 세상이다. 그리고 이것은 우리가 구별되도록 부름을 받은 그 세상이다. 하지만 어떻게 구별되어야 할까?

마침내 바울은 이 목록과 눈부실 정도로 대조적인 성령의 삶을 묘사한다. 이 책의 나머지 부분에서는 바로 이 본문을 다룰 것이다.

오직 성령의 열매는 사랑과 희락과 화평과 오래 참음과 자비와 양선과 충성과 온유와 절제니 이같은 것을 금지할 법이 없느니라. _갈 5:22~23

먼저 이 본문이 **아닌** 것들에 대해 주목해보자. 이것은 바로 앞서 '육체의 일'로 규정된 악덕의 목록과 짝을 이루는 덕의 목록이 아니다. 당시 헬라와 유대 문헌에는 사람들의 행동을 규정한다고 여겼던 악덕과 덕의 목록이 자주 등장했다. 기본적으로 이런 목록들은 "이런 것들(악덕)을 행하지 말라. 대신 이런 것들(덕)을 행하라"라고 말했다. 두 경우 모두에 **무엇을 하지 말아야 하는지와 그 대신 무엇을 해야 하는지**를 강조했다. 물론 바울의 두 목록 사이에는 유사성이 어느 정도 존재한다. 하지만 악덕과 덕의 목록은 그저 규칙의 목록—'해야 할 일의 목록'과 '하지 말아야 할 일의 목록'—으로 사용되기가 쉬웠다. 이것은 분명히 바울이 여기서 말하고자 하는 바가 **아니다**. 바울은 지금 "구약 율법의 모든 규칙에 순종하려고 노력하지 마십시오. 대신 여기 순종하기가 훨씬 더 쉬운 규칙들이 있습니다"라고 말하는 게 아니다. 그것은 잘못된 태도를 또 다른 잘못된 태도로 대체하는 것일 뿐이다. 바울은 '규칙'에 관해서 말하고 있지 않다.

바울이 말하고자 하는 바를 이해하려고 할 때 결정적인 요소는 바로 그가 사용하는 은유—열매—다. 그가 사용한 이 모든 아름다운 단어들을 하나로 묶으면 그것이 바로 **성령의 열매**(복수가 아닌 단수)다. 열매는 생명의 자연스러운 산물이다. 살아있다면 나무는 열매를 맺을 것이다. 그것이 살아있는 나무의 본성이다! 나무가 그 안에 생명을 지니고 있을 때 우리는 나무에서 열매를 얻는다.

왜 나무는 열매를 맺는가? 나무에 열매를 맺어야 한다

고 말하는 어떤 자연법칙이 존재해서가 아니다. 그저 그 안에 생명이 있기 때문이며, 흙과 물이 뿌리에 양분을 공급하고 모든 줄기와 가지에 수액이 흘러 들어가게 하기 때문이다. (우리가 상상력을 발휘해 '나무처럼 생각할 수 있다면') 나무는 자연법칙을 지킴으로써 열매를 맺는 것이 아니라 그저 그것이 살아있는 나무이기에, 살아있을 때 나무가 하는 일을 하기에 열매를 맺는다.

따라서 바울이 이 아름다운 속성의 목록을 통해서 말하고자 하는 바는 바로 이것이다. 이것은 하나님의 생명이 한 사람 안에서 살아 움직일 때 모든 평범한 인간의 삶 속에서 하나님이 직접 만드실 속성들이다. 하나님의 생명이 (그분의 성령을 통해) 한 사람의 삶의 '나무' 안에서 열매를 맺으실 것이다. 하나님이 원래 그런 분이시기 때문이고, 그것이 바로 하나님이 만드시는 바이기 때문이다. 혹은 위에서 말했듯이, 그리스도의 영이신 하나님의 성령은 한 사람의 삶 속에서 그리스도의 생명의 속성들이 자라게 하실 것이고, 그 결과 그들은 점점 더 그리스도를 닮게 될 것이다. 이것이 모든 그분의 자녀들을 위한 하나님의 소망이다.

다시 말해서, 여기서 바울은 그리스도인의 **성품**에 관해서 말하고 있다. 안타깝게도 오늘날 성품은 교회의 삶과 활동의 많은 부분에서 대단히 저평가되어 있다. 우리는 최선의 기술을 연마하고 성공적인 전략을 세우고 성과를 칭찬한다(혹은 비판한다). 우리는 겉모습에 초점을 맞추고, '얼마나 잘하는가'를 기준으로 사람들을 평가하며, 그들이 어떤 성품을 갖추었고 갖춰가고 있는지에는 관심을 훨씬 덜 기울인다. 하지만 바울이 말하는 성령의 열매에 속하는 속성들을 생각해보라. 이 속성들은 우리가 어떤 종류의 **성과**를 이룰 수 있는가에 초점을 맞추지 않으며, 우리가 어떤 종류의 **사람**인가에 초점을 맞춘다.

열매를 맺기 위해서는 시간이 걸린다. 성품을 갖추기 위해서는 시간이 걸린다. 사실 평생이 걸린다. 존 스토트는 평생 날마다 이 기도를 했다. 우리도 시간을 들여 하나님의 성령의 과수원에 열리는 열매를 공부하자. 그런 다음 시간을 들여 하나님이 우리에게 주시는 이 시간 동안 우리 자신의 삶 속에서 이 열매가 무르익게 하자.

Love

사랑
01

사랑 *Love*

첫 번째는 사랑이다. 놀라울 것도 없다. 바울은 이미 정말로 중요한 것은 **"사랑으로써 역사하는 믿음"**(갈 5:6)이며 **"사랑으로 서로 종 노릇해야"** 하고(갈 5:13), 구약의 율법 전체가 "네 이웃 사랑하기를 네 자신 같이 하라"는 계명으로 요약된다고(갈 5:14) 주장했다.

바울은 사랑을 맨 앞에 둠으로써 예수를 반향한다. 누군가가 예수께 율법의 가장 큰 계명에 관해 물었을 때 그분은 두 계명, 즉 신명기에 기록된 계명과 레위기에 기록된 계명으로 답하셨다.

예수께서 이르시되,
"네 마음을 다하고 목숨을 다하고 뜻을 다하여
주 너의 하나님을 사랑하라' 하셨으니
이것이 크고 첫째 되는 계명이요,
둘째도 그와 같으니
'네 이웃을 네 자신 같이 사랑하라' 하셨으니
이 두 계명이 온 율법과 선지자의 강령이니라."[1]

바울은 여기서 사랑이 성령의 열매라고 말하면서 두 번째 종류의 사랑—이웃 사랑—을 염두에 두었을 것이다. 즉 그는 성령의 첫째 열매가 하나님에 대한 우리의 사랑이 아니라 그리스도인으로 우리가 서로—모든 차이와 장벽을 넘어서—사랑하는 것이라고 말하고 있다. 그리고 바울은 여기서 친절하게 대하는 감상적인 감정이 아니라 큰 희생을 치르거나 큰 상처를 입게 되더라도 우리가 현실적으로 서로 돌보고 필요를 채워주고 돕고 격려하고 지원함으로써 서로를 사랑하고 받아들이고 있다는 실질적이고 실천적인 증거에 관해 말하고 있다. 다시 말해서, 이것은 행동하는 사랑이다. 분열을 녹여버리는 사랑이다. 사랑이 없었다면 서로 미워하고 상처를 입히고 심지어는 서로를 죽였을 사람들을 하나로 묶어내는 사랑이다.

이렇게 서로를 사랑하는 것이 얼마나 중요할까? 왜 바울은 성령의 열매 중 첫 번째로 사랑을 꼽았을까? 바울도 그리스도인들이 서로 사랑하는 것이 얼마나 중요한지 할 말이 많았지만, 다른 어떤 신약의 저자보다 사랑을 강조하는 사람은 요한이다.

그러므로 이 첫 번째 연구에서 요한을 우리의 안내자로 삼고자 한다.

요한은 자신의 복음서에서 예수께서 제자들에게 서로 사랑하라고 명령하셨다고 세 차례 기록한다.

◆ 새 계명을 너희에게 주노니 서로 사랑하라. 내가 너희를 사랑한 것 같이 너희도 서로 사랑하라. 너희가 서로 사랑하면 이로써 모든 사람이 너희가 내 제자인 줄 알리라(요

13:34~35).

- 내 계명은 곧 내가 너희를 사랑한 것 같이 너희도 서로 사랑하라 하는 이것이니라(요 15:12).
- 내가 이것을 너희에게 명함은 너희로 서로 사랑하게 하려 함이라(요 15:12).

요한일서에서는 이것이 하나님의 명령이라는 것을 우리에게 다섯 차례 상기시키면서 우리가 말로만 사랑하지 말고 행함과 진실함으로 서로 사랑해야 한다고 자세히 설명한다.

- 우리는 서로 사랑할지니 이는 너희가 처음부터 들은 소식이라(요일 3:11).
- 누가 이 세상의 재물을 가지고 형제의 궁핍함을 보고도 도와 줄 마음을 닫으면 하나님의 사랑이 어찌 그 속에 거하겠느냐? 자녀들아 우리가 말과 혀로만 사랑하지 말고 행함과 진실함으로 하자(요일 3:17~18).
- 그의 계명은 이것이니 곧 그 아들 예수 그리스도의 이름을 믿고 그가 우리에게 주신 계명대로 서로 사랑할 것이니라(요일 3:23).
- 사랑하는 자들아 우리가 서로 사랑하자. 사랑은 하나님께 속한 것이니 사랑하는 자마다 하나님으로부터 나서 하나님을 알고 사랑하지 아니하는 자는 하나님을 알지 못하나니 이는 하나님은 사랑이심이라(요일 4:7~8).

◆ 사랑하는 자들아 하나님이 이같이 우리를 사랑하셨은즉 우리도 서로 사랑하는 것이 마땅하도다. 어느 때나 하나님을 본 사람이 없으되 만일 우리가 서로 사랑하면 하나님이 우리 안에 거하시고 그의 사랑이 우리 안에 온전히 이루어지느니라(요일 4:11~12).

따라서 그리스도인이 되고 예수를 더 닮아가는 것에 관해 일차적이고 핵심적이며 본질적인 것이 있다고 말할 수 있다면 그것은 틀림없이 이 명령일 것이다. 그래서 바울은 이런 종류의 사랑이 하나님이 우리 삶 속에서 일하신다는 첫 번째 증거, 우리 안에서 일하시는 하나님의 영의 첫 번째 열매라고 말한다. 요한 역시 그런 사랑을 증거로 본다. 그것은 무언가를 증명한다. 사실 사랑은 우리가 함께 볼 수 있는 몇 가지를 증명한다. 그리스도인들이 서로 사랑할 때 그것은 몇 가지 매우 중요한 현실에 대한 증거가 된다고 요한은 말한다. 사랑은 생명의 증거, 믿음의 증거, 하나님의 증거, 예수의 증거다. 이제 각각을 차례로 살펴보자.

서로에 대한 사랑은 생명의 증거다

　　요한은 자신의 편지를 받는 교회 공동체에 그들이 참된 그리스도인이며 하나님의 생명, 영원한 생명을 공유하고 있다는 확신을 심어주고자 했다. 따라서 요한은 자신의 독자들에게 그들의 신앙의 기초, 즉 그들이 처음 복음을 듣고 그 복음에 응답했을 때 들었던 가르침을 기억하라고 한다.

　요한은 두 번에 걸쳐 "우리가 … 듣고 … 전하는 소식"이라는 구절을 사용한다. 요한일서 1장 5절에서 처음 이 구절을 사용한다. "우리가 그에게서 듣고 너희에게 전하는 소식은 이것이니 곧 하나님은 빛이시라. 그에게는 어둠이 조금도 없으시다는 것이니라." 따라서 우리가 우리 죄를 고백하고 예수처럼 순종하는 삶을 살고 옳은 일을 행함으로써 빛 가운데 행한다면 우리는 하나님을 알고 우리가 그분께 속해 있음을 알 것이다(요일 2:3~6).

　그런 다음 편지 중간쯤에서 요한은 이 구절을 다시 한 번 사용하면서 이것을 옳은 일을 행하는 것에 관해 자신이 방금 했

요한일서 2:3~6

우리가 그의 계명을 지키면 이로써 우리가 그를 아는 줄로 알 것이요 그를 아노라 하고 그의 계명을 지키지 아니하는 자는 거짓말하는 자요 진리가 그 속에 있지 아니하되 누구든지 그의 말씀을 지키는 자는 하나님의 사랑이 참으로 그 속에서 온전하게 되었나니 이로써 우리가 그의 안에 있는 줄을 아노라 그의 안에 산다고 하는 자는 그가 행하시는 대로 자기도 행할지니라

던 말과 연결한다. 그런 다음 서로 사랑하라는 명령으로 이를 확장한다. "이러므로 하나님의 자녀들과 마귀의 자녀들이 드러나나니 무릇 의를 행하지 아니하는 자나 또는 그 형제를 사랑하지 아니하는 자는 하나님께 속하지 아니하니라"(요일 3:10~11).

요한은 **빛 가운데 걷는 것**과 **사랑 안에서 걷는 것**이 참된 그리스도인이 되는 것의 가장 중요한 두 가지 기초적이며 본질적인 부분이라고 생각했다. 이 둘은 본래 예수께서 주신 메시지와 가르침의 일부였다("처음부터"). 그리고 그들이 듣고 믿었던 복음의 일부였다.

그런 다음 요한은 여기서 더 나아간다. 그는 자신이 자주 사용하는 "우리가 아나니"라는 표현을 한 번 더 사용한다. 요한은 우리가 그리스도인의 삶에서 매우 중요한 것들을 **알 수 있으며 알아야 한다**고 주장한다. 그리고 이것은 우리가 알 수 있는 가장 중요한 것일 수도 있다. 우리는 우리가 영원한 생명을 가지고 있음을 알 수 있다. 우리는 이것을 확신할 수 있다. 사실 요한은 이것이 요한복음을 쓴 핵심적인 이유이며(요 20:30~31) 이 편지를 쓰는 이유라고 말한다(요일 5:13).

이처럼 요한은 자신의 독자들이 영원한 생명을 지니고 있음을 확실히 알기를 원했다. 하지만 여러분이 하나님이 주시는 생명을 가지고 있다는 것을 어떻게 알 수 있을까? 여러분이 그 증거—하나님이 여러분의 삶 안에서 만들어내시는 **사랑의 증거**—를 볼 때 알 수 있다. "우리는 형제를 사랑함으로 사망에서 옮겨 생명으로 들어간 줄을 알거니와 사랑하지 아니하는 자는 사망에 머물러 있느니라"(요일 3:14).

그리스도인의 사랑은 삶과 죽음의 문제다. 그 정도로 심각하다. 여러분이 사망에서 생명으로 옮겨졌음을 증명하는 것은 바로 사랑이다.

이 구절(요일 3:14)은 예수께서 하신 말씀과 매우 비슷하다. "내 말을 듣고 또 나 보내신 이를 믿는 자는 영생을 얻었고 심판에 이르지 아니하나니 사망에서 생명으로 옮겼느니라"(요 5:24). 따라서 (예수께서 말씀하셨듯이) 우리가 예수께 응답하고 그분을 통해 하나님을 믿을 때 우리는 영생을 받는다. 하지만 우리가 서로 사랑할 때 비로소 우리가 사망에서 생명으로 옮겨졌음을 알 수 있다. 왜냐하면 (요한의 말처럼) 이로써 우리가 그 증거를 볼 수 있기 때문이다. 예수를 통해 하나님을 믿는 것과 그리스도인으로서 서로를 사랑하는 것은 하나로 묶여 있다. 우리는 믿음을 통해 영생을 받고 사랑을 통해 이를 증명한다.

나무가 살아있다는 것을 어떻게 알 수 있을까? 싹과 잎사귀를 살펴본 다음 열매를 살펴본다. 열매는 그 나무가 그 안에 생명을 지니고 있다는 증거다. 열매가 있는 곳에 생명이 있다. 하지만 열매가 없다면 그 나무는 아마도 죽어 있을 것이다.

그리스도인이나 교회가 살아 있는지 어떻게 알 수 있을까? 사랑을 찾아보라. 사랑이 있는 곳에 생명이 있다. 그리스도인이 참으로 사랑을 실천할 때, 그것이 하나님의 생명이 그들 중에, 그들 안에 있다는 증거이자 보증이 된다. 하지만 우리가 사랑을 실천하지 않을 때, 우리가 서로 싸우고 다투며 분열하고 비난할 때 … 그것은 우리에 관해 무엇을 말해주는가? 요한의 말처럼 사랑이 없다면 우리는 전혀 살아있지 못한 것이다. 우리는 여전히 '사망에 머물러 있는' 것이다.

사랑은 삶과 죽음의 문제다.

요한은 이것이 얼마나 중요한지를 강조하기 위해 두 가지 예—요한일서 3장 14절에 제시된 그의 핵심 주장 앞뒤로 하나씩—를 든다.

요한일서 3:14

우리는 형제를 사랑함으로 사망에서 옮겨 생명으로 들어간 줄을 알거니와 사랑하지 아니하는 자는 사망에 머물러 있느니라

요한일서 3:12, 15

가인 같이 하지 말라 그는 악한 자에게 속하여 그 아우를 죽였으니 어떤 이유로 죽였느냐 자기의 행위는 악하고 그의 아우의 행위는 의로움이라 … 그 형제를 미워하는 자마다 살인하는 자니 살인하는 자마다 영생이 그 속에 거하지 아니하는 것을 너희가 아는 바라

마태복음 5:21~22

옛 사람에게 말한 바 살인하지 말라 누구든지 살인하면 심판을 받게 되리라 하였다는 것을 너희가 들었으나 나는 너희에게 이르노니 형제에게 노하는 자마다 심판을 받게 되고 형제를 대하여 라가라 하는 자는 공회에 잡혀가게 되고 미련한 놈이라 하는 자는 지옥 불에 들어가게 되리라

◆ **부정적인 예: 가인**(요일 3:12, 15). 가인은 미움으로 가득 차 있었고, 미움이 죽음을 낳았다. 언제나 그렇다. 따라서 15절은 매우 심각한 경고를 제시한다. 동료 그리스도인에 대한 미움은 살인과 같다(다시 한번 요한은 마태복음 5장 21~22절에 기록된 예수의 말씀을 떠올리게 한다). 만약 사람들이 스스로 그리스도인이라고 주장하지만 그들의 삶과 태도, 말이 다른 이들에 대한 미움으로 가득 차 있다면, 요한은 그들이 무슨 주장을 하든지 영생을 전혀 가지고 있지 않다고 우리에게 경고한다.

◆ **긍정적인 예: 그리스도**(요일 3:16). 그리스도께서는 사랑으로 가득 차 있으셨으며, 그 사랑 때문에 그분은 (가인처럼 생명을 취하는 것이 아니라) 자기의 생명을 **내어 주셨다**. 따라서 사랑의 본질은 다른 이들을 위한 자기희생이다. 예수께서는 선한 목자로서 자신의 임박한 죽음을 그렇게 묘사하셨다(요 10:11, 15).

요한일서 3:16

그가 우리를 위하여 목숨을 버리셨으니 우리가 이로써 사랑을 알고 우리도 형제들을 위하여 목숨을 버리는 것이 마땅하니라

요한복음 10:11, 15

나는 선한 목자라 선한 목자는 양들을 위하여 목숨을 버리거니와 … 아버지께서 나를 아시고 내가 아버지를 아는 것 같으니 나는 양을 위하여 목숨을 버리노라

그리고 바울도 "우리가 아직 죄인 되었을 때에 그리스도께서 우리를 위하여 죽으심으로 하나님께서 우리에 대한 자기의 사랑을 확증하셨느니라"라고 말했다(롬 5:8).

따라서 요한은 (생각으로라도) 가인을 닮지 말고 (생각뿐만 아니라 실제 삶에서도, 18절) 그리스도를 닮으라고 말한다.

그런 다음 혹시라도 우리가 자기희생, 즉 다른 이들을 위해 우리 목숨을 버리라는 원리(16절)가 실제로 다른 누군가를 위해 죽어야만 하는 드물고 극단적인 경우만을 위한 것으로 생각할까 봐 곧바로 17절에서 예를 들어 이를 설명한다. 그는 현실적이며 실제적인 관대함과 돌봄, 친절을 보여줄 수 있는 단순하고 평범하며 일상적인 기회에 관해 이야기한다. "누가 이 세상의 재물을 가지고 형제의 궁핍함을 보고도 도와줄 마음을 닫으면 하나님의 사랑이 어찌 그 속에 거하겠느냐?"(요일 3:17) 이것은 이런 대답을 예상하는 강력한 수사 의문문이다. "그 사람이 무슨 주장을 하든지 그럴 리가 없습니다." 우리가 가난한 사람들을 도울 수 있을 때 그들을 돕지 않는다면 우리는 하나님을 사랑한다고, 혹은 하나님의 사랑이 우리 안에 있다고 주장할 수 없다. 아니, 하나님을 사랑한다고 주장할 수는 있지만, 그것은 거짓말일 뿐이다. 그러므로 요한은 치명적인

요한일서 3:18

자녀들아 우리가 말과 혀로만 사랑하지 말고 행함과 진실함으로 하자

논리로 이렇게 말한다. "누구든지 하나님을 사랑하노라 하고 그 형제를 미워하면 이는 거짓말하는 자니 보는 바 그 형제를 사랑하지 아니하는 자는 보지 못하는 바 하나님을 사랑할 수 없느니라"(요일 4:20).

서로에 대한 사랑은 믿음의 증거다

(사랑이 행동으로 증명되어야 한다는) **사랑**에 관한 요한의 주장은 우리에게 잘 알려진 믿음에 관한 야고보의 말과 매우 비슷하다.

> 내 형제들아 만일 사람이 믿음이 있노라 하고 행함이 없으면 무슨 유익이 있으리요? 그 믿음이 능히 자기를 구원하겠느냐? 만일 형제나 자매가 헐벗고 일용할 양식이 없는데 너희 중에 누구든지 그에게 이르되, '평안히 가라, 덥게 하라, 배부르게 하라' 하며 그 몸에 쓸 것을 주지 아니하면 무슨 유익이 있으리요? 이와 같이 행함이 없는 믿음은 그 자체가 죽은 것이라. _약 2:14~17

물론 요한은 이 말에 동의했을 것이다. 바울 역시 그랬을 것이다. 하지만 요한은 믿음과 선행처럼 떼려야 뗄 수 없는 방식으로 믿음과 사랑을 연결한다. 사실 그는 둘을 하나의 명령으로 결합한다. "그의 계명은 이것이니, 곧 그 아들 예수 그리스도의 이름을 믿고 그가 우리에게 주신 계명대로 서로 사랑할 것이니라"(요일 3:23).

요한이 "그의 **계명**(단수)은 이것이니"라고 말한다는 점을 눈여겨보라. 하지만 그런 다음 그는 두 가지를 말한다! 우리는 하나님의 아들 예수 그리스도의 이름을 믿을 뿐만 아니라 서로 사랑하라는 명령을 받았다—그리고 둘은 함께 하나의 통합된 명령을 이룬다. 첫 번째 명령(믿으라)을 행한다면 두 번째 명령(사랑하라)도 행할 것이다. 둘째 명령을 행하지(서로 사랑하지) 않고 있다면 첫째 명령도 행하지(예수를 믿지도) 않는 것이다. 둘을 나누려 하지 마라. 왜냐하면 둘 모두 하나님이 주신 **단일한** 명령, 예수를 믿고 서로 사랑하라는 명령이기 때문이다. 이 둘은 함께 가는 것이다.

따라서 서로에 대한 사랑은 우리 안에서 있는 하나님의 생명에 대한 증거일 뿐 아니라 우리가 처음 그 생명을 받게 되었던 믿음의 증거이기도 하다. 야고보는 행위가 없는 믿음은 죽은 것이라고 말했다. 요한은 사랑(선행을 통해 증명되는 사랑) 없는 믿음(그것은 공허한 주장에 불과하다) 역시 죽은 것이라고 말했을 것이다. 사실 이것은 그분의 명령이기에 서로에 대한 실천적인 사랑을 보여주고 있지 않다면 우리는 우리가 믿는다고 말하는 예수의 명령에 불순종하고 있는 셈이다. 그렇다면 우리는 어떤 종류의 제자인가?

서로에 대한 사랑은 하나님에 대한 증거다

성경에서 요한복음 3장 16절 다음으로 유명한 구절
은 "하나님은 사랑이심이라"이다. 모든 성경의 구절과 마찬가
지로 이 구절 역시 그 맥락 속에서 읽는 것이 중요하다. 아래
에서 볼드체로 표기한 이 구절은 사랑과 하나님에 관한 놀라
울 정도로 풍성한 단락 안에 자리 잡고 있다.

요한일서 4:7~12

7 사랑하는 자들아, 우리가 서로 사랑하자. 사랑은 하나님께
속한 것이니 사랑하는 자마다 하나님으로부터 나서 하나님
을 알고

8 사랑하지 아니하는 자는 하나님을 알지 못하나니 이는 **하
나님은 사랑이심이라.**

9 하나님의 사랑이 우리에게 이렇게 나타난 바 되었으니 하
나님이 자기의 독생자를 세상에 보내심은 그로 말미암아 우
리를 살리려 하심이라.

10 사랑은 여기 있으니 우리가 하나님을 사랑한 것이 아니요
하나님이 우리를 사랑하사 우리 죄를 속하기 위하여 화목
제물로 그 아들을 보내셨음이라.

11 사랑하는 자들아 하나님이 이같이 우리를 사랑하셨은즉
우리도 서로 사랑하는 것이 마땅하도다.

12 어느 때나 하나님을 본 사람이 없으되 만일 우리가 서로

사랑하면 하나님이 우리 안에 거하시고 그의 사랑이 우리 안에 온전히 이루어지느니라.

요한이 이 단락에서 중요한 세 가지를 말한다.

하나님은 모든 사랑의 근원이시다 (요일 4:7~8)

"사랑은 하나님께 속한 것이니"라고 그는 말한다. 하나님이 모든 참된 사랑의 근원이시기에 인간의 모든 사랑은 하나님으로부터 흘러나온다. 왜냐하면, 사랑은 그분의 본성이자 본질이기 때문이다. 이는 우리에게 하나님에 관해 중요한 것을 말해준다. 하나님이 '속속들이' 사랑이시라고 말할 수 있다. 하나님이 말씀하시거나 행하시는 모든 것은 궁극적으로 그분의 사랑의 표현이다. 하나님이 정의롭게 행하실 때 그것은 하나님의 사랑의 표현이다. 하나님이 분노하셔서 행동하실 때, 이는 하나님이 사랑으로 창조하신 세상과 사람들을 망치고 파괴할 수 있는 모든 것으로부터 하나님의 사랑이 그 자체를 (그리고 우리를) 방어하는 것이다. 피조물을 향한 하나님의 모든 태도와 행동은 사랑이다. 혹은 시편 145편에 두 차례나 기록된 것처럼 주께서는 그분이 지으신 모든 것에 대해 사랑이 넘치신다(시 145:13, 17). 하나님의 사랑은 우주에서 가장 큰 실체이며, 심지어 우주 자체보다 더 크다.

이렇게 이 본문은 하나님에 관한 영광스러운 진리를 우리에게 말해주고 있다. 하지만 기억하라. 요한은 일차적으로 자신의 독자들을 향해 말하고 있으며, 그의 핵심 주장은 다른 이들과 더불어 사랑 안에서 살지 않는 사람은 사랑의 근원인 하나님과 연결되어 있지 않다. 그런 사람은 하나님을 알지도 못하며 하나님의 자녀도 아니다.

하나님은 우리에게 그분의 사랑의 증거와 본보기를 보여주셨다

(요일 4:9~11)

요한은 다시 복음의 핵심으로 돌아간다. 하나님이 우리를 사랑하신다는 것을 우리는 어떻게 알 수 있을까? 성부 하나님이 그분의 독생자를 주셨으며, 성자 하나님이 우리를 영원한 죽음에서 구원하고 우리에게 영원한 생명을 주시려고 기꺼이 자신을 내어 주셨기 때문이다. 이 구절 아래에는 요한복음 3장 16절에 담긴 복음의 놀라운 진리가 깔려 있다.

십자가가 하나님의 사랑—성부와 성자의 사랑—의 궁극적인 증거다. 아들을 보내신 성부의 사랑에 관해 이야기하는 요한일서 4장 9~10절과 우리를 위해 자기 목숨을 버리신 성부의 사랑의 사랑에 관해 이야기하는 요한일서 3장 16절 사이의 아름다운 균형에 주목하라. 바울 역시 "자기 아들을 아끼지 아니하시고 우리 모든 사람을 위하여 내주신 이"이신 성부 하나

시편 145:13, 17

주의 나라는 영원한 나라이니 주의 통치는 대대에 이르리이다 … 여호와께서는 그 모든 행위에 의로우시며 그 모든 일에 은혜로우시도다

님(롬 8:32)과 "나를 사랑하사 나를 위하여 자기 자신을 버리신 하나님의 아들"(갈 2:20)에 관해 이야기하면서 똑같이 균형 잡힌 주장을 한다.

하지만 다시 한번 여기서 핵심 주장을 기억하라. 요한이 하나님의 사랑에 관해 이야기하는 것은 그저 우리에게 좋은 속죄 신학을 가르치기 위해서가 아니다. 그의 큰 목표는 우리에게 서로 사랑함으로써 성부 하나님과 성자 하나님의 사랑을 모방하고자 하는 동기를 부여하기 위함이다. 따라서 이것은 요한일서 4장 11절에 나타난 이 단락의 절정과 연결된다. "**하나님이 이같이 우리를 사랑하셨은즉** 우리도 서로 사랑하는 것이 마땅하도다." 십자가는 우리가 구원을 받는 수단일 뿐만 아니라 우리가 어떻게 살아야 하는가에 관한 본보기이기도 하다.

베드로 역시 동일한 이중적 주장을 한다. 그는 예수께서 십자가 위에서 우리의 죄를 담당하셨다고 말한다. 그리스도의 대속적인 죽음 때문에 우리 죄를 용서받을 수 있다. 하지만 같은 단락에서 그는 "그리스도도 너희를 위하여 고난을 받으사 너희에게 본을 끼쳐 그 자취를 따라오게 하려 하셨느니라"라고 말한다. 그분은 복수하고 반격하지 않고 고난을 받는 본보기가 되셨다(벧전 2:21~25). 마찬가지로 요한도 십자가 위에서 증명된 하나님의 사랑이 우리가 따라야 할 본보기이자 모범이라고 말한다. "**하나님이 … 사랑하셨은즉 우리도 … 사랑하는 것이 마땅하도다**(요일 4:11)." 이처럼 간단하다.

따라서 다른 그리스도인들을 사랑하기 어렵다고 느낀다면 (자주 그렇듯이, 온갖 이유때문에) 여러분이 해야 할 두 가지가 있다. 첫째, 사랑의 근원이신 하나님께로 가서 그분의 신적 사랑으로 여러분을 채워 달라고 간구하라. 둘째, 사랑의 본보기, 즉 그리스도의 십자가를 바라보고 그분의 모범을 따르라.

하지만 요한은 한 걸음 더 나아가 그리스도인들이 서로 사랑할 때 무슨 일이 일어나는지에 관해 훨씬 더 강력한 주장을 한다.

서로를 향한 우리의 사랑을 통해 하나님이 보일 수 있게 된다

(요일 4:12)

어느 때나 하나님을 본 사람이 없으되 만일 우리가 서로 사랑하면 하나님이 우리 안에 거하시고 그의 사랑이 우리 안에 온전히 이루어지느니라. _요일 4:12

"어느 때나 하나님을 본 사람이 없으되." 하지만 구약에서 하나님이 아브라함과 모세 같은 사람들에게 나타나신 경우는 어떤가? 그렇다. 어떤 의미에서 정말로 하나님은 일시적인 인간의 형상으로 혹은 천사를 통해서 그들에게 스스로 보여주셨다. 그런 사건을 '신현'—문자적으로 '하나님의 나타나심'—이라고 부른다. 하나님이 역사의 한 순간에 특히나 중요한 무언가를 말하거나 행하기를 원하셨을 때 그분은 이야기 속 누군가에게 '나타나곤' 하셨다. 하지만 그럴 때조차도 '하나님을 본'

것에 관해 말할 때 조심스러워했다. 그들은 하나님의 본질적 정체성에 관해 하나님은 보이지 않는 존재임을 알고 있었다. 하나님은 우리가 그 안에서 살면서 우리 주위에서 볼 수 있는 물질세계의 한 부분이 아니시다. 하나님은 '대상'이 아니시다. 하나님은 영이시며 우주의 창조주이시고, 우리가 육신의 눈으로 볼 수 있는 '사물'이나 '몸'이 아니시다. 따라서 그런 의미에서 요한은 "어느 때나 하나님을 본 사람이 없으되"라고 올바르게 말하고 있다.

하지만 사실 요한은 여기서 정확히 같은 말을 두 번째로 기록하고 있다. 첫 번째는 그의 복음서에 기록되어 있다. 바로 첫 부분에서 영원하신 하나님의 말씀이 우리의 시공간 속 세상으로 들어오셨다는 경이에 관해 이야기하면서 요한은 이렇게 말한다. "본래 하나님을 본 사람이 없으되 아버지 품 속에 있는 독생하신 하나님이 나타내셨느니라"(요 1:18).

육신이 되신 말씀 예수 그리스도께서 하나님을 볼 수 있게 하셨다. 예수 그리스도의 위격을 통해 하나님을 볼 수 있고 들을 수 있고 만질 수 있었다. 사실 요한은 자신의 편지를 읽는 이들에게 편지의 첫머리에서 바로 이 점을 상기시키고 있다. "태초부터 있는 생명의 말씀에 관하여는 우리가 들은 바요 눈으로 본 바요 자세히 보고 우리의 손으로 만진 바라"(요일 1:1). 그렇다. 그분 자체로는 우리가 볼 수 없는 하나님이 나사렛 예수의 지상적 삶 속에서 사람들에게 보였다. 예수께서도 "나를 본 자는 아버지를 보았거늘"이라고 말씀하셨다(요 14:9).

어쩌면 우리는 예수께서 이곳 땅 위에서 사시는 동안 실제로 그분을 본 사람들은 좋았을 것이라고 말할지도 모른다. 그들은 나사렛 예수의 위격과 삶 안에서 볼 수 있게 된 보이지 않는 하나님을 볼 놀라운 기회를 가졌다. 그들은 좋았을 거다. 하지만 우리는 어떤가? 예수를 실제로 볼 기회가 없었던 나머지 인류는 어떤가? 오늘 하나님을 볼 방법이 있는가?

놀랍게도 요한은 똑같이 시작되는 두 번째 진술을 제시한다. "어느 때나 하나님을 본 사람이 없으되 **만일 우리가 서로 사랑하면** 하나님이 우리 안에 거하시고 그의 사랑이 우리 안에 온전히 이루어지느니라." 요한은 서로를 향한 우리의 사랑이 하나님의 사랑을 보이게 만든다고 말하는 것처럼 보인다. 이는 하나님이 사랑이시기 때문에 곧 하나님을 보이게 한다는 말이다. 그리스도인들이 실천적이며, 희생적이고, 값비싼 대가를 치르며, 장벽을 무너뜨리는 방식으로 서로 사랑할 때, 하나님의 사랑(혹은 사랑이신 하나님)을 볼 수 있게 된다. 세상은 그리스도인들과 그들이 어떻게 더불어 살아가고 더불어 사랑하는지를 봄으로써 하나님의 실체가 드러나는 것을 볼 수 있어야 한다. 보이지 않는 하나님이 서로에 대한 그리스도인들의 사랑 안에서 보일 수 있게 된다.

물론 우리 중 그 누구도 완벽하지 않으며, 우리 모두가 온갖 방식으로 실패한다. 그래서 우리는 "나를 보지 마시고 그리스도인들을 보지 마세요. 예수님을 보세요"라는 식으로 말하면서 자신을 방어하려고 하는 경우가 많다. 맞다. 우리는 결코 자랑해서는 안 된다. 맞다. 우리는 정말로 사람들이 우리가 아니라 그리스도께 초점을 맞추기를 원한다. 그러나 때로는 이런 식의 생각과 말이 서로 사랑하라는 그리스도의 명령에 순종하려고 노력조차 하지 않는 것에 대한 변명이 될 수도 있다. 요한에 따르면, 세상은 그리스도인들과 기독교 교회들을 보면서 하나님의 실체를 입증하는 무언가를 볼 수 **있어야** 하기 때문이다. 그들은 행동을 통해 드러난 하나님을 볼 수 있어야 한다.

특히 서로 전쟁을 벌였던 역사가 있는 국가 출신의 사람들처럼 그리스도인이 아니었다면 서로 미워하고 죽이려 했을 사람들이 그리스도 안에 있는 하나님의 사랑 때문에 서로 사랑한다는 것을 보여줄 수 있을 때 이런 일이 일어난다. 1994년 르완다에서 대량 학살이 일어나는 동안 두 부족, 후투족과 투치족 출신으로서 국제복음주의학생회(IFES, 한국 IVF가 가입된 국제 선교단체—역주)에 속한 학생들은 서로 떨어져 있으라는 경고를 받았다. 하지만 그들은 원을 그리고 서서 손을 잡고 이렇게 기도했다. "우리는 그리스도에 의해 연합되어 함께 살고, 필요하다면 함께 죽을 것입니다." 그리고 많은 학생이 실제로 그렇게 했다. 하나님의 사랑의 복음만이 이를 가능하게 한다. 우리는 메시아닉 유대교인인 이스라엘 사람과 팔레스타인 기독교 신자가 2010년 케이프타운에서 열린 로잔 대회 국제 회의장에서 함께 서서 서로를 끌어안을 때 우리는 복음을 눈을 본다. 비록 세상은 반대로 하라고 말하지만, 하나님의 자녀들이 서로 사랑할 때 하나님을 볼 수 있게 된다.

몇 해 전 영국의 무신론 단체들이 런던의 유명한 빨간 버스에 유료 광고를 게재했다. 광고판에는 "아마도 하나님은 없을 겁니다. 그러니 걱정하지 말고 삶을 즐기세요"라고 적혀 있었다. 런던에는 많은 그리스도인이 있다. 따라서 이론상으로 이 광고를 본 비그리스도인은 이렇게 말할 수 있어야 한다. "(하나님이 없다는) 그 말이 참일 리가 없다. 왜냐하면, 나는 새러와 너말라와 샘과 아짓을 알고 있으며 그들은 그리스도인이다. 하나님은 그들 안에서 분명히 실재하시고 살아 계신다."

우리는 살아 계신 하나님의 살아 있는 증거가 되어야 한다. 아무도 하나님을 볼 수 없다. 하지만 사람들은 우리를 볼 수 있다. 그리고 우리가 서로 사랑할 때 그들은 하나님의 사랑을 볼 수 있다.

이 모든 것이 매우 긍정적으로 들린다. 실제로 긍정적이다. 하지만 우리는 여기서 멈춰서 그 반대가 참일 때—예를 들어, 그리스도인들이 서로 사랑하지 않거나 사랑하지 않으려 하고, 오히려 온갖 핑계를 대며 예수의 이 명령을 행하지 않고, 성령의 첫 열매에 대한 증거를 전혀 보여주지 못할 때—어떤 부정적인 효과가 발생하는지 생각해 보아야 한다.

요한에 따르면, 스스로 그리스도인이라고 주장하는 사람들이 이렇게 하나님을 닮고, 그리스도를 닮고, 성령이 만들어내신 사랑의 증거를 보여주지 못한다면,

- 그들이 참으로 거듭났는지 여부에 관해 의심하게 만드는 셈이다(요일 4:7).
- 그들은 하나님을 알지 못한다는 것을 드러내는 셈이다(요일 4:8).
- 그들은 십자가의 가르침대로 살기를 거부함으로써 그리스도의 십자가를 업신여기고 있는 셈이다(요일 4:9~10).
- 하지만 가장 나쁜 것은 그들이 하나님을 보이지 않게 만들고 있다는 것이다(요일 4:12). 그들은 하나님의 사랑을 숨기고 있다. 그들은 사랑이신 하나님, 그분 자체로는 보이지 않지만, 우리 안에서, 우리를 통해서 보이기를 갈망하시는 하나님을 숨기고 있는 셈이다.

따라서 이 모든 이유 때문에 그런 사람들은 사실상 복음서의 이야기 속에서 예수께 저항하고 그분을 거부했던 이들처럼, 하나님의 선교를 좌절시키고, 다른 사람들이 하나님의 나라에 들어가지 못하도록 방해하는 것이다.

그리스도인들이 서로 사랑하지 않을 때 그것은 비극적일 뿐만 아니라 독소처럼 해를 끼친다. 파멸적이며 치명적이다. 우리 현존의 이유 자체를 무너뜨린다. 우리의 사명은, 제자가 되고 제자를 삼는 것이다. 하나님의 사랑이라는 복음이 우리의 삶과 인간관계를 어떻게 변화시키는지를 보여줌으로써 그 기쁜 소식을 전하고 삶으로 실천하는 것이다.

이 모든 것이 요한일서에 담겨 있다. 하지만 결론에서는 예

수께서 하신 말씀 속에서 사랑에 관한 마지막 가르침을 살펴
보고자 한다.

서로에 대한 사랑은 예수에 대한 증거다

예수께서는 "새 계명을 너희에게 주노니 서로 사랑
하라. 내가 너희를 사랑한 것 같이 너희도 서로 사랑하라. 너
희가 서로 사랑하면 이로써 모든 사람이 너희가 내 제자인 줄
알리라"라고 말씀하셨다(요 13:34~35).

그리스도인들이 서로 사랑할 때 이를 통해 그들이 누구에
게 속해 있는지를 보여줄 수 있다. 이로써 사람들을 예수께로
이끌 수 있다. 그리스도인의 사랑은 믿기지 않을 정도로 사람
을 변화시키는 능력이 지니고 있으며, 많은 경우에 너무나도
놀랍고 대항문화적이어서 그리스도의 일, 복음의 능력, 성령
의 열매라고 말할 수밖에 없다.

이런 사랑은 반드시 필요한 열매다! 무엇보다도 중요하고
절대적으로 필요한 열매다. 그리스도인들이 서로 사랑할 때,

- 그것은 그들이 영원한 생명을 지니고 있음을 증명한다.
- 그것은 그들이 구원하는 믿음을 지니고 있음을 증명한다.
- 그것은 하나님의 실체를 증명한다.
- 그것은 그들이 참으로 예수를 따르는 사람들임을 증명한다.

하지만 그들이 서로 사랑하지 않을 때 … 그것은 무엇을 증명하는가?

한 번 더 생각해 보기

❶ 당신은 어떤 성경 이야기를 사용해서 사랑이라는 주제를 설명하겠는가?

❷ 당신의 문화적 맥락이나 역사로부터 어떤 사례를 들어서 복음의 진리를 증명하는 사랑의 힘, 예를 들어 원수들을 화해시키는 사랑의 힘을 설명할 수 있겠는가?

❸ 당신이 성령의 열매인 사랑에 관해 설교하거나 가르친다면 당신의 교회나 공동체 안에서 어떤 반응이 나올 것이라고 기대하는가? 그런 사랑이 존재하거나 존재하지 않는다는 증거로는 어떤 것이 있는가?

Joy

희락 *Joy*

사랑과 희락과 화평—바울이 말하는 성령의 열매의 첫 세 덕목—은 세쌍둥이 같다. 이 셋은 함께 등장한다. 예수께서는 제자들과 나누신 고별의 대화에서 이 셋을 밀접하게 연결하셨다.

> ◆ **평안**을 너희에게 끼치노니 곧 나의 평안을 너희에게 주노라. 내가 너희에게 주는 것은 세상이 주는 것과 같지 아니하니라. 너희는 마음에 근심하지도 말고 두려워하지도 말라(요 14:27).
> ◆ 아버지께서 나를 사랑하신 것 같이 나도 너희를 사랑하였으니 나의 **사랑** 안에 거하라. 내가 아버지의 계명을 지켜 그의 사랑 안에 거하는 것 같이 너희도 내 계명을 지키면 내 사랑 안에 거하리라(요 15:9~10).
> ◆ 내가 이것을 너희에게 이름은 내 **기쁨**이 너희 안에 있어 너희 기쁨을 충만하게 하려 함이라(요 15:11).

그리고 이 이미지를 계속 이어가자면 희락과 화평은 쌍둥이 같다. 이 둘은 사랑과 희락, 화평이 세쌍둥이처럼 함께 등장하는 것보다 훨씬 더 자주 짝을 이룬다. 그리고 바울은 희락과 화평이라는 이 단어를 특히나 좋아했다. 그는 이렇게 말하기를 좋아했다.

- 하나님의 나라는 먹는 것과 마시는 것이 아니요 오직 성령 안에 있는 의와 **평강과 희락**이라(롬 14:17).
- 소망의 하나님이 모든 **기쁨과 평강**을 믿음 안에서 너희에게 충만하게 하사 성령의 능력으로 소망이 넘치게 하시기를 원하노라. 내 형제들아 너희가 스스로 선함이 가득하고 모든 지식이 차서 능히 서로 권하는 자임을 나도 확신하노라(롬 15:13~14).

사실 바울은 서신서에서 기쁨(희락)에 관해 스물한 번, 평화(화평)에 관해 마흔세 번 이야기한다! 하지만 로마서의 이 구절들을 통해 바울이 기쁨(희락)과 평화(화평)를 그저 기독교 신앙의 부수적인 부산물로 여기지 않았음을 알 수 있다. 이 둘은 그저 행복한 감정이 아니다. 불과 몇 절 앞에서 그가 기쁨과 평화에 관해 무엇을 말하고 있는지 보라. 이것은 매우 인상적인 목록이다.

- 기쁨과 평화는 의만큼이나 중요한 하나님 나라의 핵심적 표지다. 이것들은 하나님이 다스릴 때 일어나는 일이다—참된 기쁨과 평화가 태어난다.
- 기쁨과 평화는 우리가 하나님을 섬기고 기쁘시게 하는 방식이다—우리는 엄숙한 불안함 속에서 그분을 섬기지 않는다.
- 기쁨과 평화는 그리스도인으로서 우리가 지닌 소망의 필수요소다—우리는 기쁨과 평화로 가득 차 있어야 한다.

◆ 기쁨과 평화는 성령의 능력이 우리 삶 속에 가득 넘친다는
증거다.

따라서 그가 성령의 열매 안에 기쁨(희락)과 평화(화평)를 포
함한 것은 전혀 놀랍지 않다. 이 단어들은 단지 유쾌하고 만족
스러운 감정의 상태만을 묘사한 것이 아니다. 이것은 심오한
무언가를 뜻하며 그리스도인으로서 우리의 삶과 증언의 핵심
에 자리 잡고 있다.

먼저 기쁨(희락)에 대해 생각해보자. 무엇이 여러분에게 기
쁨(희락)을 주는가? 무엇이 여러분의 눈을 반짝이게 하는가?
무엇이 여러분의 마음을 흥분하게 하는가? 무엇이 여러분에
게 불타는 듯한 즐거움을 주고 여러분을 미소 짓거나 웃거나
크게 소리를 지르며 기뻐서 손을 높이 들고 주변에 있는 모두
를 안아주고 싶게 하는가?

이 질문을 던질 때 바로 네 가지가 머릿속에 떠오른다. 그
각 요소들은 성령의 열매로서, 그리스도인의 희락에 관한 진
리와 연관이 된다. 나는 우선 큰 기쁨을 주는 네 가지로, 가족,
축하의 연회, 믿음, 미래를 꼽아 본다.

◆ **가족이 있다는 것이 기쁨이다.** 가족과 함께 시간을 보내며
우리를 하나로 묶어주는 사랑을 나눌 때, 혹은 친한 친구들과
함께 식사하거나 차를 마시며 즐겁게 지낼 때 나는 기쁨으로
가득 찬다. 혹은 현관문을 열자 흥분하여 펄쩍펄쩍 뛰는 손주

들의 행복한 얼굴을 보게 될 때. 아내와 함께 야외에 나갈 때 기쁨이 차오른다(가족이 없는 사람들에게는 불공평한 말이라고 생각한다면 잠시만 기다리라.)

◆ 축하의 연회를 벌이는 것이 기쁨이다. 정말로 좋은 소식을 들었을 때, 특히 그것이 예상하지 못했거나 간절하게 기다렸던 소식일 때 이런 기쁨이 솟아난다. 그런 다음 기쁨은 축하로 바뀐다. 나는 열심히 공부하고 초조하게 기다린 끝에 케임브리지에 합격했다는 전보를 받았을 때를 기억한다. 혹은 내가 엘리자베스 브라운(Elizabeth Brown)에게 나와 결혼해 달라고 말했고 아내가 "그럴게요"라고 말했던 그날(그 장소와 시간은 내 기억에 오롯이 새겨져 있다)을 기억한다(내가 크게 불안했다는 말은 아니다—우리는 여러 해 동안 교제하고 있었다). 혹은 사랑하는 사람이 수술을 잘 마쳤다거나 심각한 병에서 회복되었다는 소식을 들었을 때 기쁨을 느낀다. 또한 우리 딸들이 임신했다는 소식, 그다음에는 건강한 아기가 태어나고 산모와 아기 모두 건강하다는 소식을 들었을 때 그런 기쁨을 느낀다. 정말로 좋은 소식이 있으면 생일이나 결혼기념일 때처럼 기쁨으로 이를 축하한다. 많은 문화에서는 성대한 잔치 음식을 먹으면서 그런 순간을 기념한다. 우리는 음식과 술로 기쁨의 순간을 기념한다.

◆ 믿음이 있다는 것이 기쁨이다. 가끔 교회에서 다른 그리스

도인들과 하나님을 예배할 때 나는 강렬한 기쁨으로 충만해진다. 물론 (불행히도) 그것이 매우 나쁜 경험이 될 때도 있다. 하지만 성경 말씀이나 찬송가와 복음성가의 음악과 가사가 너무나도 풍성해서 하나님이 나를 구원하기 위해 행하신 바를 너무나도 강력하게 일깨워주어 내 마음이 기쁨으로 거의 터질 것처럼 느껴지는 순간도 있다. 하나님의 용서하시는 은총과 날마다 나를 끌어안으시는 사랑이 없으면 내가 지금의 내가 될 수 없고 지금 내가 있는 곳에 와 있을 수 없다는 것을 마음속 깊이 깨닫는다. 그리고 예배가, 특히 음악이 나에게 이 사실을 일깨워줄 때, 내 눈이 기쁨의 눈물로 가득차고 하나님에 대한 감사로 목이 메인다. 믿음은 큰 기쁨이다.

◆ **미래가 있다는 것이 기쁨이다.** 야외에 나가 하나님의 피조물을 즐길 때 자주 기쁨이 차오르는 것을 느낀다. 나는 하나님이 지으신 세상 속에서 살아 있다는 즐거움을 사랑한다. 나는 야외에서 뛰거나 걸을 수 있다는 것만으로도, 혹은 바다나 호수에 수영하러 가는 것만으로도 기쁨을 느낀다. 그것은 하나님에 대한 감사로 충만한 기쁨이다. 이것은 하나님의 세상이며, 하나님이 의도하시는 대로 나는 그것을 사랑하고 그것을 누린다. 하나님이 우리를 위해 의도하신 대로, 또한 시편이 큰 기쁨으로 노래하는 것처럼, 나는 그것을 사랑하고 누린다. 하지만 이 기쁨에는 또 다른 부분이 있으며, 그것은 우리가 지금 이토록 즐기고 있는 이 피조물이 새 피조물의 자궁—산통으로

신음하는 자궁—일 뿐이라는 것을 아는 것이다. 따라서 우리는 '천국에 가는 것'뿐만 아니라 하나님이 만들고 계시는 새 하늘과 새 땅에서 우리가 입게 될 부활의 몸을 고대한다. 이 얼마나 큰 기쁨이겠는가! 그리고 그것은 영원할 것이다!

이 네 가지 모두는 일상적 삶에서 기쁨을 누리는 성령의 열매로서 그리스도인의 삶과 마음을 채우는 기쁨에 더 강력한 방식으로 적용될 수 있다. 이제 그것을 차례로 살펴보자.

희락, 가족이 있다는 것

(앞서 인용한) 로마서 구절로 돌아가 보자. 여기서 바울은 자신의 독자들이 기쁨과 평화로 충만하기를 기도한다. 로마의 그리스도인들 사이에는 예수를 메시아로 믿게 된 유대인들과 완전히 '외부적인' 이교적 배경을 지닌 이방인들이

로마서 15:9〜12

이방인들도 그 긍휼하심으로 말미암아 하나님께 영광을 돌리게 하려 하심이라 기록된 바 그러므로 내가 열방 중에서 주께 감사하고 주의 이름을 찬송하리로다 함과 같으니라 또 이르되 열방들아 주의 백성과 함께 즐거워하라 하였으며 또 모든 열방들아 주를 찬양하며 모든 백성들아 그를 찬송하라 하였으며 또 이사야가 이르되 이새의 뿌리 곧 열방을 다스리기 위하여 일어나시는 이가 있으리니 열방이 그에게 소망을 두리라 하였느니라

섞여 있었다. 그리고 바울은 두 장(로마서 14장과 15장)에 걸쳐서 그들에게 서로를 받아들이고 환영하라고 말한다. 왜냐하면 하나님이 그리스도 안에서 그들을 받아들이셨고 그들을 한 백성으로 만드셨기 때문이다. 그런 다음 바울은 이방인들을 향해 하나님이 행하신 바를 찬양하고 그것에 대해 기뻐하라고 촉구하는 몇몇 구약 본문을 인용한다(롬 15:9~12). 두 번째 인용문에서는 "열방들아 주의 백성과 함께 즐거워하라"라고 말한다(신명기 32:43을 인용하는 로마서 15:10).

왜 바울은 로마에 있는 이방인 그리스도인들에게 기뻐하라고 할까? 그들은 무엇에 관해 기뻐해야 할까? 그들은 이제 완전히 새로운 가족 안에 들어왔기 때문에—하나님의 백성에 속하게 되었기 때문에— 기쁨으로 충만해 있어야 한다("주의 백성과 함께 즐거워하라"). 그들은 더 이상 멀리 떨어져 있지 않고 바깥 추운 데에 있지 않고 가족의 일원이 되었다. 그들은 주 예수 그리스도와 죄인을 화해시키는 그분의 죽음과 부활 때문에 완전히 새로운 관계를 맺게 되었다.

바울은 에베소에 있는 이방인 그리스도인들에게 이 점을 훨씬 더 강조해서 말한다. 먼저 그는 그들이 예수를 믿기 전에 어떤 존재였는지를 그들에게 상기시켰다. "그 때에 너희는 그

신명기 32:43

너희 민족들아 주의 백성과 즐거워하라 주께서 그 종들의 피를 갚으사 그 대적들에게 복수하시고 자기 땅과 자기 백성을 위하여 속죄하시리로다

리스도 밖에 있었고 이스라엘 나라 밖의 사람이라 약속의 언약들에 대하여는 외인이요 세상에서 소망이 없고 하나님도 없는 자이더니"(엡 2:12).

그들은 가능한 모든 면에서 소외되어 있었다. 그들은 하나님의 백성에 속해 있지 않았으며, 이스라엘의 하나님의 사랑과 구속과 언약적 약속에 관해 아무것도 몰랐다. 그들은 하나님이나 하나님의 백성과 아무 상관이 없었다. 그들은 하나님의 가족에 속해 있지 않았다. 전혀 기뻐할 만한 위치에 있지 않았다.

하지만 바울은 이제 상황이 완전히 바뀌었다고 말한다! "이제는 전에 멀리 있던 너희가 그리스도 예수 안에서 그리스도의 피로 가까워졌느니라. … 그러므로 이제부터 너희는 외인도 아니요 나그네도 아니요 오직 성도들과 동일한 시민이요 하나님의 권속이라"(엡 2:13, 19).

멀리 있던 사람들이 가까워졌다. 밖에 있던 사람들이 안으로 들어올 수 있게 되었다. 가족에서 배제되어 있던 사람들이 이제 가족의 일원이 되었다. 이방인들은 하나님의 백성의 시민들(정치적 은유)이 되었을 뿐만 아니라 하나님의 권속(가정의 은유)이 되었다. 그리고 조금 지나서 바울은 또한 그들이 성령을 통해 하나님이 거하시는 공간이 되었다고 덧붙인다(엡 2:22,

---

에베소서 2:22

너희도 성령 안에서 하나님이 거하실 처소가 되기 위하여 그리스도 예수 안에서 함께 지어져 가느니라 성전의 은유). 이것은 마땅히 기뻐해야 할 이유다! 배경이나 상황이 어떠하든지 그리스도인들은 그리스도께 속함으로써 완전히 새로운 가정을 갖게 된다.

어쩌면 여러분은 이 장 앞부분에서 나에게 기쁨을 주는 것들의 목록 중 첫 번째로 나의 가정을 언급한 것에 대해 탐탁하게 여기지 않았을지도 모른다. 너무나도 많은 사람이 안타깝게도 가정이 있다는 것으로부터 거의 아무런 기쁨도 누리지 못하거나 전혀 기쁨을 누리지 못한다는 것을 우리는 잘 알고 있다. 그럴 만한 수많은 이유가 있다. 모진 부모와 깨어진 결혼, 독신의 외로움, 사별, 다툼과 증오, 심지어는 그리스도인이 아닌 식구에 의한 박해 등 여러 가지 이유가 있을 수 있다. 하지만 사람들이 그리스도께 속해 있을 때, 비록 그들이 활기차고 사랑이 넘치는 인간의 가정이 주는 기쁨을 누리지 못한다고 할지라도, 혹은 깨어지고 학대를 일삼는 가정의 고통이나 외로움, 사별로 고통을 당한다고 할지라도—그리스도께 속해 있을 때 그들은 하나님의 백성 가운데서 새로운 가정의 기쁨을 누릴 수 있다. 이것은 갑자기 모든 것이 좋아지고 밝아진다는 뜻이 아니다. 그것이 모든 깨어짐을 치유하거나 모든 문제를 해결하지는 않을지도 모른다. 그러나 망가지거나 결핍된 인간의 가정의 슬픔과 고통과 갈등 가운데서도 예수 그리스도를 통해 하나님의 가정에 속하게 됨으로써 누리는 기쁨이 있다. 이것은 모든 것이 잘되기 때문에 느끼는 행복보다 더 근원적인 기쁨이다. 그것은 여러분이 절대 잃어버리지 않을 가정의 일원, 역사상 가장 오래된 가정, 이 땅에서 가장 큰 가정의 일원이며 여러분의 가정이 영원하다는 것을 알기 때문에 누리는 기쁨이다. 예수 때문에 만들어지고 누리는 가족 관계가 성령의 열매인 기쁨을 가져다준다.

기쁨으로 가득 차 있는 두 이야기를 예로 들어 이것을 설명할 수 있다.

예수께서 말씀하신 비유에서 탕자가 집으로 돌아왔을 때, 그의 아버지는—아들이 유산을 받아 먼 나라로 떠남으로써 사실상 자기 가족을 거부했음에도— 그를 끌어안고 다시 가족으로 맞아들였다. 그리고 큰 기쁨과 축하가 있었다. 예수께서는 동물과 동전, 아들이 다시 발견된 기쁨을 누릴 뿐만 아니라 하나님과 하늘의 천사들도 이 기쁨을 함께 누린다는 것을 가르치기 위해 잃어버린 양과 잃어버린 동전에 관한 이야기와 더불어 이 이야기를 하셨다(눅 15:7, 10). 이 땅에서뿐 아니라 하늘에서도 크게 기뻐하신다!

또한 사도행전 8장에는 에티오피아 내시에 관한 이야기가 기록되어 있다. 내시였던 그에게는 가족이 없었고 아들과 딸이 없었을 것이다. 하지만 이방인들이 하나님을 예배하게 되

누가복음 15:7, 10

내가 너희에게 이르노니 이와 같이 죄인 한 사람이 회개하면 하늘에서는 회개할 것 없는 의인 아흔아홉으로 말미암아 기뻐하는 것보다 더하리라 … 내가 너희에게 이르노니 이와 같이 죄인 한 사람이 회개하면 하나님의 사자들 앞에 기쁨이 되느니라

기를 기도했던 것처럼(왕상 8:41~43) 그는 이스라엘의 하나님을 예배하기 위해 예루살렘에 왔다. 그리고 그는 이사야서가 기록된 두루마리를 구입했다. 그는 우리가 지금 이사야 53장이라고 부르는 말씀, 즉 우리의 죄를 위해 죽임당할 주의 종에 관한 말씀을 읽고 있었다. 빌립은 그에게 그 본문을 설명해주고 그를 예수에 대한 믿음으로 인도한다. 그러나 나는 빌립이 그다음에 이 에티오피아인에게 가까운 본문인 이사야 56장에 관해서도 설명했을 것으로 생각한다. 거기에는 하나님이 자녀가 없는 내시들에게 주시는 약속이 기록되어 있다.

> 내가 내 집에서, 내 성 안에서
> 아들이나 딸보다 나은
> 기념물과 이름을 그들에게 주며
> 영원한 이름을 주어
> 끊어지지 아니하게 할 것이며… _사 56:5

열왕기상 8:41~43

또 주의 백성 이스라엘에 속하지 아니한 자 곧 주의 이름을 위하여 먼 지방에서 온 이방인이라도 그들이 주의 크신 이름과 주의 능한 손과 주의 펴신 팔의 소문을 듣고 와서 이 성전을 향하여 기도하거든 주는 계신 곳 하늘에서 들으시고 이 방인이 주께 부르짖는 대로 이루사 땅의 만민이 주의 이름을 알고 주의 백성 이스라엘처럼 경외하게 하시오며 또 내가 건축한 이 성전을 주의 이름으로 일컫는 줄을 알게 하옵소서 다시 말해서 그들은 자신의 가정을 가질 수 없어도 하나님은 그들을 하나님의 가족 안으로 들어오게 하시며, 이 가족의 이름은 결코 소멸되지 않을 것이다.

그리고 이어서 하나님이 내시들과 이방인들을 불러 그분을 예배하고 그분께 속하게 하실 때 일어날 일에 관해서 말씀하신다.

> 내가 곧 그들을 나의 성산으로 인도하여
> 기도하는 내 집에서 그들을 기쁘게 할 것이며… _사 56:7

이 에티오피아인은 거룩한 산, 그리고 기도하는 하나님의 집인 성전을 방문했다. 하지만 누가는 그가 예수에 관한 복음을 듣고 그분을 믿고 빌립에게 세례를 받았을 때 비로소 그가 "내시는 기쁘게 길을 갔다"고 말한다(행 8:39 둘이 물에서 올라올 새 주의 영이 빌립을 이끌어간지라 내시는 기쁘게 길을 가므로 그를 다시 보지 못하니라). 그는 에티오피아 여왕의 정부에서 자신이 맡은 일을 하기 위해 아프리카로 돌아갔지만, 이제 그는 예수께 속해 있기 때문에 새로운 가정을 갖게 되었다. 따라서 그는 기뻐하며 돌아갔다. 사실 그는 아프리카로 복음을 가져갔을 뿐만 아니라 사도행전에서 유대와 사마리아 땅에 있는 유대 민족이 아닌 사람 중 처음으로 메시아 예수 안에서 하나님의 다인종적 가정의 일원이 되었다. (특히 당신이 아프리카인이라면) 이 얼마나 큰 기쁨인가!

희락, 축하의 연회를 벌이는 것

　　성령의 열매의 일부로서의 기쁨은 물론 신약의 용어이며, 앞에서 살펴보았듯이 바울은 이 말을 자주 사용한다. 하지만 이 말은 구약에서 두드러지게 사용된다. 사실 이스라엘 백성은 기뻐하라는 명령을 받았다! 시편에 기록된 그들의 노래 중 많은 노래가 그 민족을 향해 축하하고 노래하고 기뻐하고 찬양하고 감사할 것을 촉구한다. 기쁨이 널리 퍼져 있다(물론 매우 엄숙한 애도와 항의를 담고 있는 노래도 있다. 우리에게도, 그들에게도 삶의 어려운 시간이 찾아오기 마련이다).

　　이스라엘은 해마다 세 절기, 즉 무교절과 함께 지키는 유월절, 오순절, 초막절을 지켰다. 이 절기에 관한 규정은 레위기 23장과 신명기 16장에 기록되어 있다. 이때는 일을 하지 말아야 하므로 민족 전체가 휴가를 가질 수 있는 기회였다(물론 매주 돌아오는 안식일에도 일을 하지 말아야 했다). 하지만 그에 더해서 그들에게는 기뻐하라는 명령이 주어졌다. "네 하나님 여호와께서 자기의 이름을 두시려고 택하신 곳에서 네 하나님 여호와 앞에서 즐거워할지니라. … 절기를 지킬 때에는… 즐거워하되"(신 16:11, 14). 하나님의 넘쳐흐르는 복이 해마다 넘쳐흐르는 기쁨을 만들어냈을 것이다—따라서 잔치를 벌이고 먹고 마시고 즐거워했을 것이다.

　　구약에서는 하나님이 주신 좋은 선물에 대해 기뻐하는 것을 결코 부끄러워하지 않는다. 하나님이 주신 것은 무엇이든지 감사와 기쁨으로 받아야 한다. 거기에는 율법이라는 선물, 해마다 받은 추수의 선물, 예언자들을 통해 주시는 하나님의 말씀, 성전 건축, 새로운 왕, 노동과 사랑, 결혼, 아름다움, 자연, 빵, 포도주처럼 매일의 삶의 모든 일상적인 선물이 포함된다. 감사할 것이 너무나도 많고, 우리를 기쁘게 하는 것이 너무나도 많다. 나는 그리스도인으로서 가끔은 너무 영적인 것에 초점을 맞추다가 하나님이 주신 일상적인 선물 안에서 참된 기쁨을 누리는 법을 잊어버리고 스스로 흘러넘치는 기쁨으로 충만해지지 못하고 있다는 생각이 들기도 한다.

그러나 이 점을 매우 강력히 주장한 다음에는 구약에서 하나님에 대한 기쁨에 넘치는 감사의 행위로서 함께 잔치를 벌이는 지상적 기쁨이 두 가지 방식으로 보호되고 정화되었다는 점에도 주목해야 한다.

기쁨(희락)은 도덕적으로 깨끗해야 한다

하나님은 이스라엘에게 성적 음행과 술 취함, 폭식, 우상숭배가 포함된 가나안 축제의 타락한 기쁨에 의한 유혹에 넘어가지 말라고 경고하셨다. 그들에게는 이런 종류의 죄악된 '기쁨'이 어떤 결과를 초래할 수 있는가에 관한 두 차례의 끔찍한 실물 교육이 주어졌다. 첫째, 모세가 시내산에서 십계명을 받고 있을 때 산기슭에서 벌어졌던 광란의 축제가 벌어진 적이 있었다(출애굽기 32~34장에 기록됨). 그리고 두 번째는 이스라엘이 모압에서 이방인 선견자 발람의 계략에 넘어가 음행의 유혹에 굴복했던 때가 있었다(민수기 25장, 31:16).

　이런 죄악된 과잉과 대조적으로, 이스라엘의 절기는 즐거움과 음식으로 넘쳐야 했지만 술취함과 부도덕함으로 넘쳐서는 안 되었다. 이 절기들은 온 가족이 당황스러워하지 않으며 함께 즐길 수 있는 행사여야 했다(신 16:14 절기를 지킬 때에는 너와 네 자녀와 노비와 네 성중에 거주하는 레위인과 객과 고아와 과부가 함께 즐거워하되).

　그리스도인으로서 우리가 그런 즐거움을 누리는 것이 가능할까? 만약 우리가 좋은 파티와 혼인 잔치를 즐기시며 (아무도 함께 식사하려고 하지 않았던 많은 사람을 포함해) 친구들과 함께 먹고 마셨던 예수의 본보기를 따른다면 가능하다. 사람들이 그분을 세례 요한과 대조하며 세리와 성매매 여성, 죄인들과 함께 먹는다고 비판했을 때 그분은 인자가 먹고 마시기 위해 왔다고 말씀하셨다(마 11:19 인자는 와서 먹고 마시매 말하기를 보라 먹기를 탐하고 포도주를 즐기는 사람이요 세리와 죄인의 친구로다 하니 지혜는 그 행한 일로 인하여 옳다 함을 얻느니라). 예수께서는 죄와 부도덕을 눈감아주지 않으시면서 음식과 술을 나누는 좋은 잔치를 즐기실 수 있었다.

　그리고 이것은 신약 나머지 부분에서 가르치는 메시지이기

민수기 31:16

보라 이들이 발람의 꾀를 따라 이스라엘 자손을 브올의 사건에서 여호와 앞에 범죄하게 하여 여호와의 회중 가운데에 염병이 일어나게 하였느니라

도 하다. 성경에서는 포도주 마시는 것을 금지하지 않고 술 취

고린도전서 5:11

이제 내가 너희에게 쓴 것은 만일 어떤 형제라 일컫는 자가 음행하거나 탐욕을 부리거나 우상 숭배를 하거나 모욕하거나 술 취하거나 속여 빼앗거든 사귀지도 말고 그런 자와는 함께 먹지도 말라 함이라

갈라디아서 5:21

투기와 술 취함과 방탕함과 또 그와 같은 것들이라 전에 너희에게 경계한 것 같이 경계하노니 이런 일을 하는 자들은 하나님의 나라를 유업으로 받지 못할 것이요

에베소서 5:18

술 취하지 말라 이는 방탕한 것이니 오직 성령으로 충만함을 받으라

베드로전서 4:3

너희가 음란과 정욕과 술취함과 방탕과 향락과 무법한 우상 숭배를 하여 이방인의 뜻을 따라 행한 것은 지나간 때로 족하도다

잠언 23:20~21

술을 즐겨 하는 자들과 고기를 탐하는 자들과도 더불어 사귀지 말라 술 취하고 음식을 탐하는 자는 가난하여질 것이요 잠 자기를 즐겨 하는 자는 해어진 옷을 입을 것임이니라

디도서 1:12

그레데인 중의 어떤 선지자가 말하되 그레데인들은 항상 거짓말쟁이며 악한 짐승이며 배만 위하는 게으름뱅이라 하니

에베소서 5:4

누추함과 어리석은 말이나 희롱의 말이 마땅치 아니하니 오히려 감사하는 말을 하라

하는 것을 금지한다(고전 5:11, 갈 5:21, 엡 5:18, 벧전 4:3). 음식 먹는 것을 금지하지 않고 폭식을 비판한다(잠 23:20~21, 딛 1:12). 해학과 웃음을 금지하지 않고 "누추함과 어리석은 말이나 희롱의 말"—상스럽거나 다른 이들을 다치게 하는 말—을 금지한다(엡 5:4). 성경은 우리에게 기쁨을 위한 여지와 이유를 넘치도록 제공하지만, 축하가 타락으로 변질되도록 내버려 두지 말라고 경고한다.

기쁨(희락)은 사회적으로 포용적이어야 한다

따라서 하나님은 이스라엘 백성에게 절기를 지키고, 쉬는 시간을 갖고, 넉넉한 음식과 술을 준비해 성대한 잔치를 벌이라고 명령하셨다. 그뿐만 아니라 그들에게 아무도 배제되지 않도록 해야 한다고 말씀하셨다. 절기에 관한 신명기의 지침에서는 이를 두 차례나 강조하고 있다.

> 너와 네 자녀와 **노비와 네 성중에 있는 레위인과 및 너희 중에 있는 객과 고아와 과부가 함께** 네 하나님 여호와께서 자기의 이름을 두시려고 택하신 곳에서 네 하나님 여호와 앞에서 즐거워할지니라. _신 16:11, 14절에 반복됨

───────

신명기 16:14

절기를 지킬 때에는 너와 네 자녀와 노비와 네 성중에 거주하는 레위인과 객과 고아와 과부가 함께 즐거워하되

다시 말해서, 노비들이 힘들게 일하는 동안 이스라엘 가족들만 성대한 축제를 즐겨서는 안 되었다. 또한 토지를 소유하지 못해서 수확할 수 없는 이들(레위인과 외국인들)과 자신들을 부양할 가족이 없는 사람들(고아와 과부)이 함께 축제를 즐길 수 있게 하기 위해 특별히 관심을 기울여야 했다.

이 원리가 작동한 구체적인 예를 느헤미야 8장에서 발견할 수 있다. 이스라엘 백성은 포로 생활을 마치고 유다로 돌아왔다. 느헤미야는 그들을 이끌고 예루살렘 성벽을 재건했다. 그런 다음 그는 언약을 갱신하는 큰 행사를 이끌었다. 그 행사의 일부로 에스라가 사람들에게 율법을 큰 소리로 낭독했으며, 레위인들은 모두 이해할 수 있도록 이를 번역하고 그들에게 설명했다. 사람들이 (아마도 자신의 죄와 실패에 대한 깨달음 때문에) 울기 시작하자 느헤미야와 에스라는 그들에게 울지 말고 주와 그분의 언약으로 돌아가는 이 성대한 행사를 하게 된 것에 대해 기뻐하라고 말했다. 느헤미야는 사람들에게 잔치 음식을 즐기며 축제를 벌이라고 말했다. 하지만 동시에 음식과 술이 없는 사람들도 꼭 대접하라고 덧붙였다. 아무도 배제되어서는 안 되었다.

> 느헤미야가 또 그들에게 이르기를, "너희는 가서 살진 것을 먹고 단 것을 마시되 준비하지 못한 자에게는 나누어 주라. 이 날은 우리 주의 성일이니 근심하지 말라 여호와로 인하여 기뻐하는 것이 너희의 힘이니라" 하고. _느 8:10

예수께서도 제자들에게 같은 가르침을 주셨다. 사실 그분은 식사 중에 그런 말씀을 하셨으며, 그분의 말씀을 듣고 그분을 초대한 주인은 당황스러워했을 것이다. 그분은 그들에게 가까운 친구와 이웃만을 위한 잔치를 열지 말고 보통은 그런 초대를 받지 못하는 사람들—가난한 이들과 장애를 지닌 이들—을 초대하라고 말씀하셨다(눅 14:12~14). 이것이 많은 사람이 흔히 무시하는 예수의 가장 명확한 명령 중 하나라고 생각한다는 것을 나는 고백하지 않을 수 없다. 이 글을 쓰면서도 나는 내가 그렇게 하지 못했다는 것에 대해 찔림을 느낀다.

성탄절과 추수감사절 같은 명절이 나이 든 사람이나 공동체 안의 이방인들, 가족 없이 홀로 지내는 사람들, 말 그대로 집이 없는 사람들에게는 1년 중에 가장 외로운 때가 될 수 있다는 것은 슬픈 일이다.

따라서 성령의 열매인 기쁨에 관해 비추어 생각해본다면 이 기쁨에는 함께 먹고 마시는 기쁨이 포함될 수 있다. 기쁨은 잔치다. 예수께서 그런 그림을 사용해 새 창조, 메시아적 잔치에서 우리가 그분과 더불어 누릴 미래를 묘사하셨다는 것

누가복음 14:12~14

또 자기를 청한 자에게 이르시되 네가 점심이나 저녁이나 베풀거든 벗이나 형제나 친척이나 부한 이웃을 청하지 말라 두렵건대 그 사람들이 너를 도로 청하여 네게 갚음이 될까 하노라 잔치를 베풀거든 차라리 가난한 자들과 몸 불편한 자들과 저는 자들과 맹인들을 청하라 그리하면 그들이 갚을 것이 없으므로 네게 복이 되리니 이는 의인들의 부활시에 네가 갚음을 받겠음이라 하시더라

은 놀라운 일이 아니다. 하지만 우리의 잔치는 성령, 즉 **거룩한** 영의 기쁨을 반영해야 하며, 따라서 정결하고 건전해야 하며 부도덕이나 탐욕, 폭식, 과도함에 오염되어 있지 않아야 한다. 그리고 그것은 포용적인 잔치가 되어야 하며, 반드시 우리가 좋아하는 사람들뿐만 아니라 하나님의 가정에 속하는 모든 사람이 포함되어야 한다.

희락, 믿음이 있다는 것

여러분이 알고 있듯이 복음이라는 말은 '기쁜 소식'을 뜻한다. 그리고 좋은 소식은 그 속성(좋음) 때문에 기쁨을 가져다준다! 따라서 성경의 복음이 이 세상에 전해진 최고이자 최대의 좋은 소식이라면 복음을 알고 믿는 것보다 더 큰 기쁨은 없을 것이다.

복음은 하나님이 그분의 사랑과 은총 때문에 세상을 구원하기 위해 그리스도를 통해 무엇을 행하셨는가에 관한 위대한 진리를 우리에게 말해준다. 복음에서 하나님은 우리에게 용서와 영원한 생명, 모든 피조물을 위한 소망으로 가득 차 있는 미래를 약속하신다. 그리고 이런 것들은 하나님이 어떤 분이시며 하나님이 무엇을 행하셨는가에 뿌리를 내리고 있기 때문에 결코 빼앗길 수 없는 것들이다. 그리고 이런 것들은 기쁨으로 가득 차 있다! 좋은 소식을 알고 그것을 믿을 때 우리가 어찌 기뻐하지 않을 수 있겠는가?

이 시점에서 우리는 광대한 성경적 복음을 누리고 하나님의 은총으로 우리가 그리스도를 믿게 되었다는 것에 대해 하나님께 감사하는 일에 많은 시간을 할애할 수도 있다. 복음은 천국에 가기 위한 공식이나 기계적인 수단이 아니라 하나님이 그리스도를 통해 약속하고 성취하신 모든 일에 관한 성경 전체의 이야기를 담고 있는 좋은 소식이기 때문이다. 예를 들어, 케이프타운 서약(Cape Town Commitment)에 기록된 것처럼 복음을 요약한 말만 들어도 우리는 기쁨을 느낄 것이다.

◆ 우리는 복음이 말해주는 이야기를 사랑한다.

복음은 나사렛 예수의 삶과 죽음, 부활이라는 역사적 사건을 기쁜 소식으로 선포한다. 다윗의 자손, 약속된 메시아 왕이신 예수를 통해 하나님은 그분의 나라를 세우고 세상의 구원을 위해 일하시고 아브라함에게 약속하신 대로 이 땅의 모든 민족이 복을 받을 수 있게 하셨다. 바울은 "성경대로 그리스도께서 우리 죄를 위하여 죽으시고 장사 지낸 바 되셨다가 성경대로 사흘 만에 다시 살아나사 게바에게 보이시고 후에 열두 제자[에게]" 보이셨다고 말함으로써 복음을 정의한다. 복음은, 그리스도의 십자가 위에서 하나님이 그분의 아들의 위격 안에서 우리를 대신해 우리가 죄로 인해 마땅히 받아야 할 심판을 친히 담당하셨다고 선언한다. 부활을 통해 완성되고 정당화되고 선포된 바로 이 위대한 구원 행위를 통해 하나님은 사탄과 모든 악의 세력에 대한 결정적인 승리를 거두시고, 그들의 권세와 공포로부터 우리를 해방시키시고, 그들이 결국 파괴될 것임을 보증하셨다. 하나님은 모든 경계와 적의를 넘어서는 그리스도인들과 자신의 화해, 그리스도인들 서로 간의 화해를 성취하셨다. 또한 하나님은 모든 피조물의 궁극적 화해라는 그분의 목적을 성취하셨고, 예수의 몸의 부활을 통해 우리에게 새로운 창조의 첫 열매를 주셨다. "하나님께서 그리스도 안에 계시사 세상을 자기와 화목하게 하셨다."[1] 우리는 이 복음의 이야기를 얼마나 사랑하는가!

◆ **우리는 복음이 주는 확신을 사랑한다.**
오직 그리스도를 믿음으로 말미암아 우리는 성령을 통해 그리스도와 연합되어 있으며 그리스도 안에서 하나님 보시기에 의롭다고 여겨진다. 우리는 믿음으로 의롭다 하심을 입어 하나님과 평화를 누리며 더 이상 정죄를 받지 않는다. 우리는 우리 죄에 대한 사함을 받는다. 우리는 거듭나 그리스도의 부활의 생명을 공유함으로써 산 소망을 갖게 되었다. 우리는 그리스도의 공동 상속자로 입양된다. 우리는 하나님의 언약 백성의 시민들, 하나님의 가정의 일원, 하나님이 거하시는 공간이 된다. 따라서 그리스도를 의지함으로써 우리는 구원과 영원한 생명에 대한 온전한 확신을 지닌다. 왜냐하면 우리의 구원이 궁극적으로 우리 자신에게 달려 있지 않고 그리스도의 사역과 하나님의 약속에 달려 있기 때문이다. "다른 어떤 피조물이라도 우리를 우리 주 그리스도 예수 안에 있는 하나님의 사랑에서 끊을 수 없으리라."[2] 우리는 이 복음의 약속을 얼마나 사랑하는가![3]

우리는 이 위대한 진리와 약속에 대한 우리의 믿음에 의해 만들어지는 기쁨을 고통과 상실, 사별, 질병, 사고를 경험할 때도, 심지어는 박해와 순교의 상황 속에서도 누릴 수 있다. 사소하든 끔찍하든 이런 것들이 성령의 열매인 내적 기쁨을 빼앗을 수 없으며 빼앗기지 않는다.

구약의 시편은 히브리어로 '찬양'이라고 불린다. 하지만 이 책 안에서 가장 큰 비중을 차지하는 '찬양'의 범주는 탄식의 노래다! 즉 사람들은 자신의 개인적인 고통, 불의나 억압, 육체적 혹은 언어적 공격, 생명을 위협하는 질병의 경험 등을 하나님 앞으로 가지고 왔다. 그들의 노래에서는 이런 상황에 관해 전적으로 솔직하게 이야기한다. 그들은 모든 것이 괜찮은 척하지 않으며 어떻게든 행복해 보이려고 노력하지 않았다 (하지만 우리는 교회 안에서 그래야만 한다고 느끼고 있을지도 모른다). 하지만 그들의 고통을 하나님 앞으로 가져감으로써 그들은

하박국 3:16

내가 들었으므로 내 창자가 흔들렸고 그 목소리로 말미암아 내 입술이 떨렸도다 무리가 우리를 치러 올라오는 환난 날을 내가 기다리므로 썩이는 것이 내 뼈에 들어왔으며 내 몸은 내 처소에서 떨리는도다

하나님이 주권적이시며 절대로 그들을 포기하지 않으실 것이라는 흔들리지 않는 믿음 덕분에 소망과 찬양, 심지어는 기쁨으로 돌아갈 수 있었다. 이런 종류의 기쁨은 고통을 이겨낼 수 있다. 왜냐하면 그것은 살아 계신 하나님에 대한 믿음의 열매이기 때문이다.

하박국을 생각해 보라. 그의 조국은 모든 것을 파괴해버릴지도 모르는 치명적인 침공을 앞두고 있었다. 그는 미래를 내다보면서 두려움으로 떨고 있었다(합 3:16). 하지만 이런 상황에서도 그는 자신이 하나님을 신뢰할 수 있으며 그분으로 인해 기뻐할 수 있음을 알고 있었으며, 따라서 이런 놀라운 믿음의 고백을 했다.

> 비록 무화과나무가 무성하지 못하며
> 포도나무에 열매가 없으며
> 감람나무에 소출이 없으며

마태복음 5:11~12

나로 말미암아 너희를 욕하고 박해하고 거짓으로 너희를 거슬러 모든 악한 말을 할 때에는 너희에게 복이 있나니 기뻐하고 즐거워하라 하늘에서 너희의 상이 큼이라 너희 전에 있던 선지자들도 이같이 박해하였느니라

사도행전 5:40~41

그들이 옳게 여겨 사도들을 불러들여 채찍질하며 예수의 이름으로 말하는 것을 금하고 놓으니 사도들은 그 이름을 위하여 능욕 받는 일에 합당한 자로 여기심을 기뻐하면서 공회 앞을 떠나니라

밭에 먹을 것이 없으며

우리에 양이 없으며

외양간에 소가 없을지라도

나는 여호와로 말미암아 즐거워하며

나의 구원의 하나님으로 말미암아 기뻐하리로다.

_합 3:17~18

예수께서는 제자들에게 그들이 박해를 받을 때 기뻐하라고 말씀하셨다. 놀라운 명령이었지만 그런 때가 왔을 때 그들은 실제로 기뻐했다(마 5:11~12, 행 5:40~41).

또한 사도 바울을 생각해 보라. 그가 서신서에서 기쁨에 관해 가장 열정적으로 이야기할 때는 그가 악취가 심한 로마의 감옥에 갇혀 있을 때였으며 때에 따라 매질을 당한 후 투옥된 상태이기도 했다. 그는 춥고 배고프고 약하고 엄청난 고통을 느끼고 있었을 것이다. 하지만 그는 자신 안에 있는 그리스도의 복음이라는 기쁨을 지니고 있었다. 그와 실라가 그런 상황

베드로전서 1:6~9

그러므로 너희가 이제 여러 가지 시험으로 말미암아 잠깐 근심하게 되지 않을 수 없으나 오히려 크게 기뻐하는도다 너희 믿음의 확실함은 불로 연단하여도 없어질 금보다 더 귀하여 예수 그리스도께서 나타나실 때에 칭찬과 영광과 존귀를 얻게 할 것이니라 예수를 너희가 보지 못하였으나 사랑하는도다 이제도 보지 못하나 믿고 말할 수 없는 영광스러운 즐거움으로 기뻐하니 믿음의 결국 곧 영혼의 구원을 받음이라

속에서 시편을 노래한 적도 있었다(행 16:25 한밤중에 바울과 실라가 기도하고 하나님을 찬송하매 죄수들이 듣더라)! 끔찍한 고통을 당하면서도 바울은 복음으로 인해 기뻐할 수 있었고, 다른 이들에게도 그렇게 하라고 말할 수 있었다. 그리고 이미 박해로 엄청난 고통을 겪고 있던 그리스도인들에게 보낸 편지의 첫머리에서 베드로는 "말할 수 없는 영광스러운 즐거움"에 관해 이야기했다(벧전 1:6~9). 따라서 신약에서 성령의 열매인 기쁨, 복음을 믿기 때문에 누리는 기쁨은 고통에 의해서도 지워지지 않는 강력하고 굳건한 기쁨이다.

하지만 이 시점에서 우리는 조심할 필요가 있다. 우리는 삶의 일상적인 어려움을 겪으면서 고통 가운데 기쁨을 굳게 붙잡으라는 격려의 말이 필요한 그리스도인과 만성적인 우울증으로 고통을 당하는 그리스도인을 구별해야 한다. 우울증은 실제적이며 치명적인 질병이 될 수도 있으며, 다른 모든 질병과 마찬가지로 지혜로우며 전문적인 의료적 돌봄이 필요한 신체적, 심리적 원인이 있을 수도 있다. 따라서 이런 종류의 의학적으로 진단된 우울증으로 고통을 당하고 있는 그리스도인 형제자매가 있다면 그저 그들에게 행복한 인사를 건네며 "기운 내고 떨치고 일어나서 주 안에서 기뻐해"라고 말해서는 안 된다. 그렇게 하는 것은 매우 어리석은 일일 것이며, 오히려 그들의 고통을 더 가중시키는 행동이 될 수도 있다. 왜냐하면 '주 안에서 기뻐하는 것'은 그들이 간절히 하고 싶지만 할 수 없는 일이기 때문이다. 삶에서 기쁨을 상실한 상태는 우울증의 최악의 증상 중 하나다. 그리고 기쁨을 회복하는 것은 단지 '더 열심히 노력하는' 문제가 아니다. 우울증은 실패나 약점이 아니라 질병이다.

하지만 동시에 나는 나의 가족을 포함해 우울증으로 고통을 당하는 많은 그리스도인을 알고 있으며, 그들은 여전히 복음의 진리와 하나님의 사랑에 대한 기본적인 확신이 있다는 사실을 증언한다. 그들은 삶의 가장 어두운 순간에도 하나님을 신뢰할 수 있다는 것을 알고 있다. 그리고 이것을 마음속 깊이 알고 있다는 것은, 그들이 기쁨의 감정이 없을 때조차도 기쁨을 객관적인 **사실이나 진리**로 알 수 있음을 뜻한다. 윌리엄 쿠퍼(William Cowper)는 우울증으로 큰 고통을 당했으며, 그런 고통 속에서 이런 시를 쓸 수 있었다.

> 연약한 지각으로 주를 판단하지 말고
> 은총 베푸시는 그분을 신뢰하십시오.
> 눈살 찌푸리시는 것처럼 보이는 섭리 뒤에
> 그분의 미소 짓는 얼굴이 가려져 있습니다.
>
> [제목이 "God Moves in a Mysterious Way"인 이 시는 통합찬송가에 "주 하나님 크신 능력"으로 번역되어 소개됨—역주]

그렇기에 성령의 열매인 그리스도인의 기쁨은 그저 하나의 **감정**이 아니며, 우리의 마음과 의지 안에서 그리스도 안에 있는 하나님의 약속에 대한 믿음으로부터 흘러나오는 것이다.

희락, 미래가 있다는 것

　　나에게 기쁨(희락)을 주는 네 번째는 야외로 나가 하나님의 피조물을 즐기는 것이다. 물론 우리는 기쁨으로 피조물을 즐길 수 있고 즐겨야 한다! 예를 들어 시편 65편과 104편에서 구약의 시편 기자들은 매우 열정적이며 아름다운 방식으로 하나님의 피조물에 대해 노래했다. 하지만 성경에서는 피조물로 인해 기뻐하는 인간에 관해서만 말하지 않는다. 피조물 전체가 하나님으로 인해 기뻐하며 그분을 찬양한다고 말한다. 나는 어떻게 피조물이 하나님을 찬양하는지, 하나님이 어떻게 인간이 아닌 피조물의 기쁨과 찬양을 받으시는지 모르겠다. 하지만 성경에서는 하나님이 피조물의 기쁨과 찬양을 받으신다고 말한다.

　하지만 동시에 우리는 현재 피조물이 하나님의 능력에 의해 그 잠재력을 온전히 발휘했을 때의 상태가 아니라는 것을 알고 있다. 이 땅은 우리의 죄 때문에 저주를 받았다. 물론 언젠가 그 저주가 제거되겠지만 말이다(계 22:3 다시 저주가 없으며 하나님과 그 어린 양의 보좌가 그 가운데에 있으리니 그의 종들이 그를 섬기며). 그리고 피조물 전체가 하나님께 찬양과 영광을 돌리는 그 목적을 성취하지 못해 좌절하고 있다(롬 8:20 피조물이 허무한 데 굴복하는 것은 자기 뜻이 아니요 오직 굴복하게 하시는 이로 말미암음이라). 하지만 영원히 그렇지는 않을 것이다! 성경에서는 하나님의 구속 계획에 피조물 전체가 포함된다고 말한다. 언젠가 우리는 이 땅으로부터 구원을 받는 것이 아니라 피조물 전체와 더불어 구원을 받을 것이다. 이것이 로마서 8장 16~24절의 메시지다.

또한 이것은 구약으로 그 기원을 거슬러 올라갈 수 있는 성경적 진리다. 이사야는 하나님이 이미 새 하늘과 새 땅을 창조하는 일을 시작하셨으며, 그분이 그것을 묘사하시는 방식은 경이와 기쁨, 만족, 안전으로 가득 차 있다고 말한다(사 65:17~25). 이 위대한 소망에 비추어 몇몇 시편에서는 하나님이 오셔서 모든 것을 바로잡으실 때 피조물 전체가 함께 기뻐하기를 고대한다.

하늘은 기뻐하고 땅은 즐거워하며

로마서 8:16~24

성령이 친히 우리의 영과 더불어 우리가 하나님의 자녀인 것을 증언하시나니 자녀이면 또한 상속자 곧 하나님의 상속자요 그리스도와 함께 한 상속자니 우리가 그와 함께 영광을 받기 위하여 고난도 함께 받아야 할 것이니라 생각하건대 현재의 고난은 장차 우리에게 나타날 영광과 비교할 수 없도다 피조물이 고대하는 바는 하나님의 아들들이 나타나는 것이니 피조물이 허무한 데 굴복하는 것은 자기 뜻이 아니요 오직 굴복하게 하시는 이로 말미암음이라 그 바라는 것은 피조물도 썩어짐의 종 노릇 한 데서 해방되어 하나님의 자녀들의 영광의 자유에 이르는 것이니라 피조물이 다 이제까지 함께 탄식하며 함께 고통을 겪고 있는 것을 우리가 아느니라 그뿐 아니라 또한 우리 곧 성령의 처음 익은 열매를 받은 우리까지도 속으로 탄식하여 양자 될 것 곧 우리 몸의 속량을 기다리느니라 우리가 소망으로 구원을 얻었으매 보이는 소망이 소망이 아니니 보는 것을 누가 바라리요

바다와 거기에 충만한 것이 외치고

밭과 그 가운데에 있는 모든 것은 즐거워할지로다.

그 때 숲의 모든 나무들이 여호와 앞에서 즐거이 노래하리니

그가 임하시되

땅을 심판하러 임하실 것임이라.

그가 의로 세계를 심판하시며

그의 진실하심으로 백성을 심판하시리로다. _시 96:11~13

시편 98편도 같은 방식으로 마무리되지만, 강과 산이 손뼉

―――――

이사야 65:17~25

보라 내가 새 하늘과 새 땅을 창조하나니 이전 것은 기억되거나 마음에 생각나지 아니할 것이라 너희는 내가 창조하는 것으로 말미암아 영원히 기뻐하며 즐거워할지니라 보라 내가 예루살렘을 즐거운 성으로 창조하며 그 백성을 기쁨으로 삼고 내가 예루살렘을 즐거워하며 나의 백성을 기뻐하리니 우는 소리와 부르짖는 소리가 그 가운데에서 다시는 들리지 아니할 것이며 거기는 날 수가 많지 못하여 죽는 어린이와 수한이 차지 못한 노인이 다시는 없을 것이라 곧 백 세에 죽는 자를 젊은이라 하겠고 백 세가 못되어 죽는 자는 저주 받은 자이리라 그들이 가옥을 건축하고 그 안에 살겠고 포도나무를 심고 열매를 먹을 것이며 그들이 건축한 데에 타인이 살지 아니할 것이며 그들이 심은 것을 타인이 먹지 아니하리니 이는 내 백성의 수한이 나무의 수한과 같겠고 내가 택한 자가 그 손으로 일한 것을 길이 누릴 것이며 그들의 수고가 헛되지 않겠고 그들이 생산한 것이 재난을 당하지 아니하리니 그들은 여호와의 복된 자의 자손이요 그들의 후손도 그들과 같을 것임이라 그들이 부르기 전에 내가 응답하겠고 그들이 말을 마치기 전에 내가 들을 것이며 이리와 어린 양이 함께 먹을 것이며 사자가 소처럼 짚을 먹을 것이며 뱀은 흙을 양식으로 삼을 것이니 나의 성산에서는 해함도 없겠고 상함도 없으리라 여호와께서 말씀하시니라

을 치며 기뻐 노래한다고 덧붙인다!

바울은 하나님의 아들이신 주 예수 그리스도의 영광을 놀라운 방식으로 묘사하면서 피조물 전체(하늘과 땅의 만물)가 그분에 의해 창조되었고 그분에 의해 유지되며 그분의 십자가 보혈을 통해 그분에 의해 하나님과 화해하게 되었다고 말한다(골 1:15~20).

피조물의 기쁨은 처음부터 끝까지 그리스도 중심적이며, 우리가 구원을 받는 수단(그리스도의 십자가)은 피조물이 회복되는 수단이기도 하다. 그러므로 바닷가의 모래알과 하늘의 별의 수만큼 우리의 기쁨이 배가된다!

그리고 성경은 우리가 이 땅을 떠나 어딘가 다른 목적지로 올라가는 것으로 마무리되지 않고 하나님이 내려오셔서 새로운 피조물 안에서 속량 받은 인류와 더불어 사시는 것으로 마무리된다(계 21:1~5).

골로새서 1:15~20

그는 보이지 아니하는 하나님의 형상이시요 모든 피조물보다 먼저 나신 이시니 만물이 그에게서 창조되되 하늘과 땅에서 보이는 것들과 보이지 않는 것들과 혹은 왕권들이나 주권들이나 통치자들이나 권세들이나 만물이 다 그로 말미암고 그를 위하여 창조되었고 또한 그가 만물보다 먼저 계시고 만물이 그 안에 함께 섰느니라 그는 몸인 교회의 머리시라 그가 근본이시요 죽은 자들 가운데서 먼저 나신 이시니 이는 친히 만물의 으뜸이 되려 하심이요 아버지께서는 모든 충만으로 예수 안에 거하게 하시고 그의 십자가의 피로 화평을 이루사 만물 곧 땅에 있는 것들이나 하늘에 있는 것들이 그로 말미암아 자기와 화목하게 되기를 기뻐하심이라 그리고 요한은 이런 전망을 가지고 환상 중에 우리에게 이렇게 말한다.

> 내가 또 들으니 하늘 위에와 땅 위에와 땅 아래와 바다 위에와 또 그 가운데 모든 피조물이 이르되, "보좌에 앉으신 이와 어린 양에게 찬송과 존귀와 영광과 권능을 세세토록 돌릴지어다!" 하니. _계 5:13

따라서 우리와 피조물이 마침내 하나님의 은총으로 속량될 때 우리가 결국 피조물의 기쁨을 함께 나눌 수 있으며, 피조물이 결국 우리의 기쁨을 함께 나눌 수 있을 것이기에 우리가 그때를 고대하면서 지금 그 기쁨을 경험할 수 있다. 기쁨은 우리 자신을 포함해 피조물 전체를 위해 예비된 놀라운 미래에 대한 소망으로 가득 차 있다.

요한계시록 21:1~5

또 내가 새 하늘과 새 땅을 보니 처음 하늘과 처음 땅이 없어졌고 바다도 다시 있지 않더라 또 내가 보매 거룩한 성 새 예루살렘이 하나님께로부터 하늘에서 내려오니 그 준비한 것이 신부가 남편을 위하여 단장한 것 같더라
내가 들으니 보좌에서 큰 음성이 나서 이르되 보라 하나님의 장막이 사람들과 함께 있으매 하나님이 그들과 함께 계시리니 그들은 하나님의 백성이 되고 하나님은 친히 그들과 함께 계셔서 모든 눈물을 그 눈에서 닦아 주시니 다시는 사망이 없고 애통하는 것이나 곡하는 것이나 아픈 것이 다시 있지 아니하리니 처음 것들이 다 지나갔음이러라 보좌에 앉으신 이가 이르시되 보라 내가 만물을 새롭게 하노라 하시고 또 이르시되 이 말은 신실하고 참되니 기록하라 하시고

맺음말

　기쁨(희락)이 하나님의 성령으로 충만하며 성령의 열매를 맺는 그리스도인의 삶을 이루는 본질적인 특징이라면, **기쁨(희락)이 우리 삶에서 부족한 경우가 왜 그토록 많은 것일까?** 왜 그리스도인이 불행한 경우가 그토록 많은 것일까?

　어쩌면 우리가 **잊어버리고** 있기 때문일지도 모른다. 우리는 지치고 화를 내다가 자기 연민에 빠지기가 쉽다. 우리 자신이 성경에 기록된 복음의 위대한 진리를 기억하게 만들어야 한다. 우리 마음속에서 그 진리를 되새김으로써 이런 놀라운 복음의 진리를 믿는다고 말하면서 비참한 마음으로 가득 차 자신에 대해 안타까워하며 주변 사람 모두에게 우울을 전파하는 것이 얼마나 모순된 일인지를 깨달아야 한다. 개인적으로 이것은 누구보다도 나 자신에게 절실하게 필요한 메시지다. 왜냐하면 나는 실망을 느끼며 자기 연민에 빠지게 하는 유혹에 쉽게 굴복하기 때문이다. 그럴 때 나는 회개하고, 나 자신에게 하나님의 은총의 복음을 상기시키고, 내 삶과 생각 속에 열매를 맺도록 성령의 기쁨을 달라고 기도한다.

　혹은 그것이 우리가 기쁨에 대해 의심하기 때문일 수도 있다. 삶은 심각한 문제라고 우리는 말할지도 모른다. 그리고 정말로 그렇다. 우리는 기독교가 그저 웃는 것 이상의 문제라고 생각할지도 모른다. 그리고 정말로 그렇다. 하지만 그렇다고 해서 우리 삶이 성령으로 충만할 때 우리가 기쁨으로 충만한 마음을 가져서는 안 된다는 뜻은 아니다. 결국 성경은 우리에게 하나님이 우리가 기뻐하기를 **원하실** 뿐만 아니라 우리에게 기뻐하라고 **명령하신다**고 말한다! '기쁨이 의무다'라는 말은 이상하게 들리지만, 그것은 행복한 의무다! 바울은 행복한 마음으로 이 명령을 반복했다. 그러니 그 명령에 순종하자!

"주 안에서 항상 기뻐하라. 내가 다시 말하노니 기뻐하라!"

_빌 4:4

한 번 더 생각해 보기

❶ 우리 문화에서 큰 축제를 벌이는 주된 이유는 무엇인가? 그리스도인은 그런 축제에 참여할 수 있는가? 아니면 이는 성경의 가르침에 반하는 것인가? 어떤 점에서 그런가?

❷ 복음이 우리 문화에서 즐기는 축제를 그리스도인의 기쁨을 위한 행사로 변화시켰는가?

❸ 성령의 열매로서의 기쁨(희락)과 평범하고 일상적인 쾌활함과 행복 사이에 차이가 존재하는가? 그렇다면 무엇이 그런 차이를 만들어 내는가?

❹ 큰 고통을 겪었지만 믿음으로—그것을 위해 죽게 되더라도— 기쁨을 보여준 사람들의 사례(어쩌면 당신 자신을 포함해서)를 알고 있는가?

Peace

화평 *Peace*

"저리 가. 나에게 평화를 줘!"

"이제 평화의 시간을 좀 갖자!"

혼란스러운 삶 속에서 우리가 자주 듣게 되는 간절한 부르짖음이다. 많은 사람이 평화를 누리지 못하는 것처럼 보인다. 가정을 돌보기도 쉽지 않고 일터에서도 스트레스와 압력을 견뎌내야 한다. 깨어진 관계, 심지어는 학대당하는 관계와 씨름해야 할 때도 있다. 가까운 미래의 혹은 먼 미래의 삶에 관한 불안함도 있다. 그리고 언제나 분주하고 바쁜 삶은 계속되고, 인터넷과 이메일, 소셜 미디어 등의 불가피해 보이는 침입 때문에 우리는 더 분주해질 뿐이다.

평화? 평화를 누릴 수만 있다면 …

'평화'는 성경에서 큰 비중을 차지하는 단어 중 하나다. 구약에서 평화는 그 아름답고 복합적인 단어인 샬롬—전면적인 행복, 두려움과 결핍으로부터 자유, 하나님, 다른 사람들, 피조물과 맺는 만족스러운 관계—이다. 폭풍 속에서 누리는 평화는 하나님이 그분의 백성에게 주시는 선물이다(시 29:11 여호와께서 자기 백성에게 힘을 주심이여 여호와께서 자기 백성에게 평강의 복을 주시리로다). 평화(화평)는 하나님의 약속—사랑과 정의, 진리, 평화가 서로 얼싸안고 하늘과 땅이 조화를 이루는 때에 관한—이다(시 85:8~10). 예수님과 바울은 오늘날도 유대인과 아랍인들이 여전히 그렇게 하듯이 관습에 따라 다른 유대인들에게 인사하면서('당신에게 평화가 임하기를') 날마다 '평화(화평)'라는 말을 수없이 사용하셨을 것이다. 평화는 풍성하며 울림이 크고 심오한 뜻이 담긴 단어다.

그런데 바울은 평화(화평)를 성령의 열매 중 세 번째로 언급하면서 무엇을 염두에 두고 있었을까? 그는 자신의 서신서에 평화에 관해 자주 말하고 있으며, 우리는 그가 이 단어를 사용하는 몇 가지 방식을 구별해 볼 수 있다. 그 모든 것이 그가 성령의 열매 안에 포함한 것에 해당하지는 않지만, 이 단어의 여러 차원을 살펴본 다음 바울이 우리 삶에서 열매처럼 자라기를 바라는 차원들을 더 자세히 들여다보는 것이 유익할 것이다.

하나님이 만드신 평화(화평)

때때로 바울은 하나님이, 오직 하나님만이 성취할 수 있는 평화에 관해 이야기한다. 이는 곧 하나님이 예수 그리스

시편 85:8~10

내가 하나님 여호와께서 하실 말씀을 들으리니 무릇 그의 백성, 그의 성도들에게 화평을 말씀하실 것이라 그들은 다시 어리석은 데로 돌아가지 말지로다 진실로 그의 구원이 그를 경외하는 자에게 가까우니 영광이 우리 땅에 머무르리이다 인애와 진리가 같이 만나고 의와 화평이 서로 입맞추었으며

도의 십자가와 부활 안에서 그분을 통해 성취하신 속죄의 위대한 사역의 결과인 평화를 의미한다. 이에 관한 가장 명확한 설명은 에베소서 2장에 담겨 있다(아래에서는 '평화'가 포함된 구절을 볼드체로 표시했다).

> 그러므로 생각하라. 너희는 그 때에 육체로는 이방인이요, 손으로 육체에 행한 '할례를 받은 무리'라 칭하는 자들로부터 '할례를 받지 않은 무리'라 칭함을 받는 자들이라. 그 때에 너희는 그리스도 밖에 있었고 이스라엘 나라 밖의 사람이라. 약속의 언약들에 대하여는 외인이요, 세상에서 소망이 없고 하나님도 없는 자이더니 이제는 전에 멀리 있던 너희가 그리스도 예수 안에서 그리스도의 피로 가까워졌느니라. **그는 우리의 화평이신지라.** 둘로 하나를 만드사 원수 된 것 곧 중간에 막힌 담을 자기 육체로 허시고 법조문으로 된 계명의 율법을 폐하셨으니 이는 이 둘로 자기 안에서 한 새 사람을 지어 **화평하게 하시고**, 십자가로 이 둘을 한 몸으로 하나님과 화목하게 하려 하심이라. 원수 된 것을 십자가로 소멸하시고 또 오셔서 먼 데 있는 너희에게 **평안을 전하시고** 가까운 데 있는 자들에게 평안을 전하셨으니, 이는 그로 말미암아 우리 둘이 한 성령 안에서 아버지께 나아감을 얻게 하려 하심이라.
>
> _엡 2:11~18

바울이 어떻게 '평화(화평)'라는 말을 세 차례 사용하는지

눈여겨보라. 첫째, 그리스도께서 "우리의 화평"이시다. 즉 화해한 원수인 우리가 어떤 평화를 누리고 있든지, 우리는 그리스도 안에서 그 평화를 누리고 있다. 그리고 그것이 가능한 이유는, 둘째로 그분이 이방인과 유대인을 가르던 적대의 장벽을 십자가로 무너뜨리심으로써 화평하게 하셨기 때문이다. 그런 다음 셋째로, 사도들의 선포를 통해 그리스도께서 오셔서 전에는 멀리 있었던 이들에게 평안을 전하셨다.

　따라서 이 맥락에서 바울은 십자가에 달리신 그리스도를 통해서 행하신 하나님의 사역에 의해 '단번에 영원히' 성취된 평화에 관해 말하고 있다. 이것은 하나님이 우리를 위해 행하신 무언가를 말한다. 그것은 우리 삶 속에 나타난 성령의 열매인 평화가 아니다. 성령의 열매로서의 평화는 과거에 하나님이 하신 일이 아니라 지금 여기서 살아가는 우리의 성품과 연관이 있다. 따라서 평화의 이 양상—하나님이 만드신 평화—이 복음에 대해 절대적으로 근본적이기는 하지만, 이것은 갈라디아서 5장에서 바울이 평화가 성령의 열매라고 말할 때 의미했던 바가 아닐 것이다.

하나님이 주시는 평화

　　　그렇다면 아마도 바울은 하나님이 주시는 평화를 염두에 두고 있었을 것이다. 그리고 이것은 두 측면을 지니고 있다. 하나님과의 평화가 있고 하나님의 평화가 있다.

하나님과의 평화

이것은 많은 사람이 사랑하는 로마서 5장의 첫머리에 기록된 바울의 말이다. "그러므로 우리가 믿음으로 의롭다 하심을 받았으니 우리 주 예수 그리스도로 말미암아 하나님과 화평을 누리자. 또한 그로 말미암아 우리가 믿음으로 서 있는 이 은혜에 들어감을 얻었으며 하나님의 영광을 바라고 즐거워하느니라"(롬 5:1~2).

우리 죄를 위해 죽으신 예수를 믿을 때 우리는 하나님과 바른 관계 속으로 들어가며 이로써 우리는 평화를 누리게 된다. 하나님과의 평화는 마음과 양심의 평화, 죄책과 두려움의 부재를 뜻한다. 우리는 더 이상 마지막 날에 내려질 하나님의 판결에 관해 불안해할 필요가 없다. 그리스도 안에서 하나님은 우리가 의인들, 하나님의 가정에 속한 사람 중 하나라고 선언하신다. 그리고 이 모든 것이 하나님의 은총 덕분이다. 이것은 놀라운 일이며 아마도 성령의 열매인 평화의 의미에 조금 더 가까울 것이다. 우리가 믿음을 통해 하나님과 평화를 누리지 못한다면 하나님의 성령이 우리 삶 속에서 일하실 수 없기 때문이다. 하지만 일단 하나님과 우리의 관계가 안정되면 성령이 우리 삶 속에 그분의 새로운 생명을 부어 주시고 하나님의 그 생명이 열매를 맺기 시작한다.

하나님의 평화

하지만 하나님이 주시는 평화는 하나님**과의** 평화일 뿐만 아니라 하나님**의** 평화이기도 하다. 그것은 마음의 평화, 불안과 공포로부터의 자유를 뜻한다. 예수께서는 우리에게 염려하지 말고 하늘에 계신 우리 아버지를 신뢰하라고 말씀하셨다. 그분의 말씀은 하나님의 성령의 임재를 반영하는 평화의 속성을 묘사한다.

그러므로 내가 너희에게 이르노니, 목숨을 위하여 무엇을 먹을까 무엇을 마실까 몸을 위하여 무엇을 입을까 염려하지 말라. 목숨이 음식보다 중하지 아니하며 몸이 의복보다 중하지 아니하냐? 공중의 새를 보라 심지도 않고 거두지도 않고 창고에 모아들이지도 아니하되 너희 하늘 아버지께서 기르시나니 너희는 이것들보다 귀하지 아니하냐? 너희 중에 누가 염려함으로 그 키를 한 자라도 더할 수 있겠느냐?

또 너희가 어찌 의복을 위하여 염려하느냐? 들의 백합화가 어떻게 자라는가 생각하여 보라. 수고도 아니하고 길쌈도 아니하느니라. 그러나 내가 너희에게 말하노니, 솔로몬의 모든 영광으로도 입은 것이 이 꽃 하나만 같지 못하였느니라. 오늘 있다가 내일 아궁이에 던져지는 들풀도 하나님이 이렇게 입히시거든 하물며 너희일까보냐, 믿음이 작은 자들아? 그러므로 염려하여 이르기를, '무엇을 먹을까? 무엇을 마실까? 무엇을 입을까?' 하지 말라. 이는 다 이방인들이 구하는 것이라. 너희 하늘 아버지께서 이 모든 것이 너희에게 있어야 할 줄을 아시느니라. 그런즉 너희는 먼저 그의 나라와 그의 의를 구하라. 그리하면 이 모든 것을 너희에게 더하시리라. 그러므로 내일 일을 위하여 염려하지 말라. 내일 일은 내일이 염려할 것이요, 한 날의 괴로움은 그 날로 족하니라. _마 6:25~34

바울은 예수의 가르침을 반향하며, 이것을 명시적으로 하나님이 주시는 평화와 연결한다. "아무 것도 염려하지 말고 다만 모든 일에 기도와 간구로, 너희 구할 것을 감사함으로 하나님께 아뢰라. 그리하면 모든 지각에 뛰어난 하나님의 평강이 그리스도 예수 안에서 너희 마음과 생각을 지키시리라"(빌 4:6~7).

이것은 그저 한가롭고 태평한 태도가 아니다. 오히려 아버지처럼 우리를 돌보시는 하나님에 대한 흔들리지 않는 신뢰이며 불안에 굴복하지 않겠다는 단호한 결단이다. 이것은 우리가 염려하지 않고 기도하며 하나님을 신뢰하기로 **결단하는** 의지의 행위다. 그리고 성경 전체가 우리에게 하나님은 신뢰할 수 있는 분이라고 확증하고 있다. 평화 안에 거하라.

하지만 이른바 '현실 세계'—일상적 노동과 분주함의 세상— 안에서 과연 우리는 '평화'를 누릴 수 있는가? 직장이든 가정이든 지금 여기서 삶에서 받는 모든 스트레스 속에서 우리는 평화를 누릴 수 있는가? 바울은 "그럴 수 있다"고 답할 뿐만 아니라 이곳이 바로 평화가 가장 중요한 곳이라고 덧붙일 것으로 생각한다. 왜냐하면 이런 종류의 평화로 가득 차 있는 삶은 복음에 대한 강력한 증거이기 때문이다. 마음속에 하나님의 평화를 지니고 살아가며 다른 사람들 사이에서 평화를 만들거나 회복하기 위해 일하는 사람은 비그리스도인의 가정이나 직장에서 돋보이며 눈에 띌 것이다.

바로 앞 장에서 언급했듯이 기쁨과 평화는 함께 나타난다. 냉소적인 절망의 분위기와 부정적인 태도가 일 때문에 함께 지낼 수밖에 없는 사람들의 집단을 지배하기가 쉽지만, 그리스도인이 이런 분위기와 태도에 영향을 받지 않는 기쁨을 가지고 있다면 그 사람은 눈에 띌 것이다(그리고 질문을 받는 경우가 많을 것이다). 하지만 그와 동시에 그들은 그저 음주와 폭식에 탐닉하는 것에서 기쁨을 찾지 않는다. 오히려 아픔이나 상실이나 고통의 시간에도 감지될 수 있는 내적인 기쁨을 지니고 있다. 그것은 술이나 섹스, 돈에 의존하지 않는 근원적인 기쁨이다.

마찬가지로 평화를 누리는 그리스도인은 불안 때문에 괴로워하거나 무자비한 야심에 사로잡히지 않으며, 승진에 실패했다고 절망에 빠지거나 실직의 위협 때문에 혹은 실제로 실직하게 되었다고 해서 좌절하지 않고 오히려 하나님에 대한 신뢰로부터 나오는 내적인 평화를 지니고 있다. 그런 사람은 주 예수 그리스도를 조용히 증언한다. 그들은 그리스도를 본받아 삶에서 무슨 일을 당하든지—어려운 일을 당할 때조차도—그 속에서 하늘에 계신 아버지를 신뢰한다.

성령의 열매를 가꾸는 것은 우리가 가지고 있는 후광을 반짝이게 하거나 좋은 이미지를 유지하는 것에 관한 문제가 아니다. 그런 식의 노력은 어리석으며 거짓일 뿐이고 (하나님을 비롯해) 모든 사람이 그것을 알아볼 수 있다. 성령의 열매를 가꾸는 것은 그리스도가 보일 수 있게 하고 복음을 매력적으로 만드는 것에 관한 문제다.

하나님이 요구하시는 평화

지금까지 (그리스도를 통해) 하나님이 만드신 평화와 하나님이 주시는 평화(마음과 양심의 평화)에 관해 생각해 보았다. 하지만 세 번째 종류의 평화가 있다. 그것은 하나님이 우리가 삶 속에서 이루기 위해 노력하라고 말씀하시는 평화다. 하나님은 우리에게 다른 이들과 평화를 이루며 살라고 말씀하시며, 그리스도인들 사이에서—또한 더 광범위한 세상 속에서—평화를 이루기 위해 노력하라고 말씀하신다. 이것이 바울이 이 단어를 가장 빈번하게 사용하는 방식이며, 갈라디아서 5장 22절에서 성령의 열매를 열거할 때 그가 특별히 염두에 둔 평화(화평)일 것이다.

하나님은 (예수의 십자가 죽음을 통해 큰 대가를 치르심으로써) 자신과 우리 사이의 평화를 이루셨기 때문에 이제 우리에게 서로 평화를 이루며 살라고 명령하신다. 이렇게 함으로써 우리는 실제 삶에서 사람을 변화시키는 십자가의 능력을 '살아낼' 수 있다. 하지만 이것은 타락한 죄인으로서 분열된 상태에 있는 우리가 자연스럽게 실천할 수 있는 일이 아니다. 이것은 열매처럼 길러내야 한다—우리 안에서, 우리 사이에서 일하시는 하나님의 성령의 열매다. 그래서 바울은 이것을 열매라고 부르며, 동시에 우리에게 그렇게 살기 위해 '모든 노력을 기울이라고' 말한다.

이것이 무엇을 뜻하는지를 온전히 이해하는 최선의 방법은 기쁨과 평화가 밀접하게 연관된 본문—로마서 14:1~15:13—으로 돌아가 보는 것이다. 여기서 잠시 멈추고 이 본문 전체를 읽어보는 것이 도움이 될 것이다. 언제나 성경을 읽는 것이 다른 어떤 책을 읽는 것보다—이 책을 포함해— 더 낫다! 그리고 이 본문을 다 읽은 다음에는 옆에 성경책을 펴 둔 채 이 장을 계속 읽어가라.

바울은 로마라는 거대한 국제도시에 있는 그리스도인들에게 편지를 쓰고 있다. 그들 중 다수는 철저히 이교적인 배경을 지닌 이방인으로서 그리스도를 믿게 되었다. 그들은 어떤 종류의 음식에 대해서도, 거룩한 날에 관해서도 아무런 양심의 가책을 느끼지 않았다. 하지만 로마에 있는 그리스도인 중 일부는 예수를 메시아로 믿게 된 유대인들이었다. 이제 모두가

갈라디아서 5:22

오직 성령의 열매는 사랑과 희락과 화평과 오래 참음과 자비와 양선과 충성과

예수를 믿는 그리스도인이며 함께 교회 안에 있지만 이 두 집단 사이에는 엄청난 차이가 있었다. 그들은 매우 다른 문화와 종교적 배경을 가지고 있었다. 어떤 이들은 늘 그랬듯이 푸줏간에서 어떤 고기든지 사 먹을 수 있다고 생각했다. 다른 이들은 그런 고기가 부정하며 그것을 먹는 것은 우상숭배라고 생각했기 때문에 경악했다. 어떤 이들은 늘 하던 대로 안식일을 지키기 원했다. 다른 이들은 그 날이 언제이든 개의치 않았다. 어쨌든 그들은 (특히 노예인 경우라면) 매일 일해야 했다. 그런 상황에서 안식일이 뭐가 중요하겠는가?

이방인의 배경을 지닌 사람들은 스스로 '믿음이 강한 사람'이라고 생각한 것 같다(즉 그들은 강한 믿음을 가지고 있으며 음식이나 날 같은 것이 자신의 구원과 그리스도와의 관계에 영향을 미치지 않는다는 것을 알고 있었던 것 같다). 그리고 아마도 그들은 유대인 신자들을 '믿음이 약한 사람'이라고 불렀을 것이다. 왜냐하면 그들은 아직도 유대교의 관습과 도덕 관념에 집착하고 있었으며, 예를 들어 의례적으로 부정하거나 우상에게 제물로 바친 고기를 먹다가 오염되는 것을 피하고자 채소만 먹었다.

이것은 사소한 문제가 아니었다. '고기나 채소 가지고 웬 난리인가! 왜 그게 중요하지?'라고 생각할지도 모른다. 하지만 이것은 그들에게—특히 유대인 신자들에게— 대단히 중요했다. 이러한 문화적, 종교적 배경의 차이가 신학적으로, 또 실제적으로 많은 불화와 분쟁을 야기했다. 하지만 바울은 한 장 반을 할애해 양쪽을 향해 "서로를 받아들이고" "논쟁의 여지가 있는 문제"(개역개정에서는 '의견'으로 번역함—역주)에 대해 다투기를 삼가라고 권면한다. 바울이 어떤 그리스도인의 집단에서든지 항상 "논쟁의 여지가 있는 문제"가 있을 것을 당연히 여긴다는 점에 주목하라. 우리가 항상 모든 것에 관해 의견이 일치하지는 않을 것이다. 삶이란 원래 그렇다. 하지만 핵심은, 우리가 항상 서로 의견이 일치해야 한다는 것이 아니라 다른 사람이 그리스도인이며 우리처럼 주 예수 그리스도를 사랑한다는 것을 알고 있다면 우리가 서로를—심지어는 상황을 전혀 다르게 바라보는 사람들까지도— 받아들여야 한다는 것이다. 바울은 이렇게 시작한다.

> 믿음이 연약한 자를 너희가 받되 그의 의견을 비판하지 말라. 어떤 사람은 모든 것을 먹을 만한 믿음이 있고 믿음이 연약한 자는 채소만 먹느니라. 먹는 자는 먹지 않는 자를 업신여기지 말고 먹지 않는 자는 먹는 자를 비판하지 말라 이는 하나님이 그를 받으셨음이라. _롬 14:1~3

먼저 바울은 모든 기독교 교회를 매우 쉽게 파괴할 수 있는 두 상반된 태도를 피하라고 단정적으로 말한다. 3절에서 그는 이렇게 말한다.

♦ **업신여기지 말라!** 즉 이방인 그리스도인들은 이제 낡은 것

처럼 보이는 음식과 날에 관한 규칙과 규범을 고수한다는 이유로 유대인 신자들을 경멸하지 말아야 한다.

◆ **비판하지 말라!** 즉 유대인 신자들은 (유대인들에게) 지나치게 자유롭고 안일해 보이는 행동을 한다는 이유로 이방인들을 정죄하지 말아야 한다.

대신 바울은 그들에게 "화평의 … 일을 힘쓰라"고 명령한다(롬 14:19). 이것이 이 본문 전체에서 그의 근본적인 가르침이다. 그런 다음 그는 이 가르침을 보강하기 위해 우리가 매우 심각하게 받아들여야 하는 다양한 주장을 제시한다. 시간을 내어 아래의 소제목에 포함된 성경 구절을 다시 읽어보기 바란다. 나는 여러분이 나보다는 바울에게 귀를 기울이기를 바란다!

우리는 같은 주를 섬기는 백성이다 (롬 14:1~10)

이것이 바울의 논증을 이루는 첫 번째 부분의 핵심 주제다. 이 핵심 주제는 몇 가지 측면으로 이뤄져 있다.

◆ **같은 주께서 우리를 받아들이셨다**(롬 14:3, 롬 15:7 그러므로 그리스도께서 우리를 받아 하나님께 영광을 돌리심과 같이 너희도 서로 받으라). 다양한 문제에 관해 우리가 어떤 의견을 가지고 있든지 우리는 그리스도 안에서 하나님께 받아들여졌다.

사실 복음의 핵심은 하나님이 그리스도 안에서 유대인과 이방인 모두를 받아들이셨을 뿐만 아니라 바울이 에베소서 2장에서 설명하듯이 그들을 하나의 새로운 인류로 만드셨다는 것이다. 따라서 우리는 같은 복음을 공유하며, 이 복음이 우리를 하나로 만들었다. 그러므로 만약 내가 예수를 주와 구원자

로마서 14:1~10

1 믿음이 연약한 자를 너희가 받되 그의 의견을 비판하지 말라

2 어떤 사람은 모든 것을 먹을 만한 믿음이 있고 믿음이 연약한 자는 채소만 먹느니라

3 먹는 자는 먹지 않는 자를 업신여기지 말고 먹지 않는 자는 먹는 자를 비판하지 말라 이는 하나님이 그를 받으셨음이라

4 남의 하인을 비판하는 너는 누구냐 그가 서 있는 것이나 넘어지는 것이 자기 주인에게 있으매 그가 세움을 받으리니 이는 그를 세우시는 권능이 주께 있음이라

5 어떤 사람은 이 날을 저 날보다 낫게 여기고 어떤 사람은 모든 날을 같게 여기나니 각각 자기 마음으로 확정할지니라

6 날을 중히 여기는 자도 주를 위하여 중히 여기고 먹는 자도 주를 위하여 먹으니 이는 하나님께 감사함이요 먹지 않는 자도 주를 위하여 먹지 아니하며 하나님께 감사하느니라

7 우리 중에 누구든지 자기를 위하여 사는 자가 없고 자기를 위하여 죽는 자도 없도다

8 우리가 살아도 주를 위하여 살고 죽어도 주를 위하여 죽나니 그러므로 사나 죽으나 우리가 주의 것이로다

9 이를 위하여 그리스도께서 죽었다가 다시 살아나셨으니 곧 죽은 자와 산 자의 주가 되려 하심이라

10 네가 어찌하여 네 형제를 비판하느냐 어찌하여 네 형제를 업신여기느냐 우리가 다 하나님의 심판대 앞에 서리라

로 믿는 누군가를 거부하거나 그와 만나지 않으려고 하거나 그를 비난한다면, 사실상 나는 그 사람에게 "하나님은 당신을 받아들이셨을지 모르지만 나는 당신을 받아들이지 않겠어. 그리스도께서는 당신을 환영하셨지만 우리는 아냐"라고 말하는 셈이다. 이것은 복음 자체에 대한 심각한 죄다.

◆ 우리는 모두 같은 주인을 섬기는 종들이며, 따라서 우리에게는 서로를 심판할 권리가 없다(롬 14:4). (우리의 주인이신) 하나님만 우리 각자를 심판할 권리가 있다—그리고 그분은 심판하실 것이다. 따라서 하나님께만 속한 심판의 자리를 감히 취하려고 하지 말라.

◆ 우리는 모두 "주를 위하여"—모든 삶에서, 사나 죽으나— 산다(롬 14:5~9). 따라서 무엇을 하든지 우리는 다른 이들을 기쁘게 하기 위해서가 아니라 그분 앞에서, 그분의 청찬을 기대하며 해야 한다.

◆ 우리는 모두 궁극적으로 심판자이신 하나님께만 책임을 질 것이다(롬 14:10~12). 그리고 그 심판의 날을 내다볼 때 지금 여기서 우리의 차이는 훨씬 더 중요하게 보이기 시작할 것이다. 우리가 하나님의 심판대 앞에 설 때, 내가 열정적인 은사주의자였고 당신은 매우 엄숙한 예배를 진지하게 고수했다는 것이 무슨 의미가 있겠는가? 내가 브라질의 오순절 교인이었

고 당신은 서양의 성공회 교인이었다는 것이 무슨 의미가 있 겠는가? 나는 천년왕국이 재림보다 선행하리라 생각했고 당 신은 천년왕국이 이미 일어난 사건이라고 생각했다는 것이 무슨 의미가 있겠는가? 내가 복음을 설교하고 교회를 개척하 고 수천 명에게 제자가 되는 법을 가르친 아프리카 여인이었 지만 당신은 내가 여성으로서 그런 일을 해서는 안 된다고 생 각했다는 것이 무슨 의미가 있겠는가? 이런 것들이 그때 그리 스도의 심판대 앞에서 중요하지 않을 것이라면 왜 지금 우리 는 서로 진영이 갈라져 싸울 정도로 그것들을 중요하게 여기 는 것일까?

우리는 사랑에 의해 제어된다 (롬 14:13~23)

여기서 바울이 하는 말은 우상에게 제물로 바친 고기에 관 한 고린도전서 8장과 10장의 가르침과 매우 비슷하다. 바울 은 모든 음식이 궁극적으로 하나님한테서 왔으며 감사함으로 받아들일 수 있는 것이기 때문에 그리스도인은 먹거나 마시 는 것에 관해 자유를 누린다고 말한다. 하지만 이 문제에 관해 다른 그리스도인이 느끼는 양심의 감정을 민감하게 고려하지

로마서 14:10~12

네가 어찌하여 네 형제를 비판하느냐 어찌하여 네 형제를 업신여기느냐 우리 가 다 하나님의 심판대 앞에 서리라 기록되었으되 주께서 이르시되 내가 살았 노니 모든 무릎이 내게 꿇을 것이요 모든 혀가 하나님께 자백하리라 하였느니 라 이러므로 우리 각 사람이 자기 일을 하나님께 직고하리라

않은 채 그 사람에 대해 과시하듯이 자유를 남용한다면 이는 그리스도인의 사랑을 실천하는 데 실패한 것이다—그리고 이 것은 심각한 죄다. 왜냐하면 다른 그리스도인에 대해 죄를 범 할 때 여러분은 그리스도에 대해 죄를 범한 것이기 때문이다 (고전 8:12 이같이 너희가 형제에게 죄를 지어 그 약한 양심을 상하게 하 는 것이 곧 그리스도에게 죄를 짓는 것이니라).

바울은 그저 모든 사람이 가장 양심의 가책을 크게 느끼는 사람에게 맞춰야 한다고 말하는 것이 아니다. 이는 그리스도 인의 공동체 안에서 매우 작위적인 상황을 초래할 수도 있다. 모두가 가장 약한 사람에게 양보한다면, 역설적으로 가장 약 한 사람이 큰 권력을 행사하게 될 것이다! 로마서 14장 14절 에서 바울이 말하는 바는, 그리스도인이 된다는 것이 무엇을 뜻하며 무엇을 뜻하지 않는지를 더 성숙한 방식으로 이해할 수 있도록 도울 수 있는 공간이 존재한다는 것을 전제한다. 우 리 모두가 지속적으로 성경을 공부하고 기도하고 사귐을 나 눔으로써 우리의 양심을 교육해야 한다. 이를 통해 우리가 성 숙하고 자유로운 태도로 행동할 수 있는 곳과 사랑의 마음으 로 삼가고 배려해야 하는 곳 사이에서 더 적절한 균형을 유지 할 수 있을 것이다. 그리고 이는 절대 쉽지 않다! "그 선을 어디 에 그어야 하는가?"라고 우리는 자주 생각하거나 말한다. 이 에 대한 쉬운 답은 존재하지 않는다. 하지만 '선을 긋는' 데 너 무 몰두한 나머지 그리스도의 몸을 분열시키고 우리가 그분을 위해 완수해야 할 사명을 망각하지 않도록 하자. 우리가 기준으로 삼고 살아가는 사랑이 우리가 긋는 선보다 더 중요하다.

우리는 그리스도의 본보기에 따라 형성되어야 한다(롬 15:1~8)

바울은 다시 한번 예수 그리스도께 우리의 눈을 집중시킴으로써 그가 전개하는 논증의 절정으로 나아간다. 그가 로마서 15장 2절에서 말하는 바는 빌립보서 2장과 매우 비슷하다.

아무 일에든지 다툼이나 허영으로 하지 말고 오직 겸손한 마

로마서 14:13~23

그런즉 우리가 다시는 서로 비판하지 말고 도리어 부딪칠 것이나 거칠 것을 형제 앞에 두지 아니하도록 주의하라 내가 주 예수 안에서 알고 확신하노니 무엇이든지 스스로 속된 것이 없으되 다만 속되게 여기는 그 사람에게는 속되니라 만일 음식으로 말미암아 네 형제가 근심하게 되면 이는 네가 사랑으로 행하지 아니함이라 그리스도께서 대신하여 죽으신 형제를 네 음식으로 망하게 하지 말라 그러므로 너희의 선한 것이 비방을 받지 않게 하라 하나님의 나라는 먹는 것과 마시는 것이 아니요 오직 성령 안에 있는 의와 평강과 희락이라
이로써 그리스도를 섬기는 자는 하나님을 기쁘시게 하며 사람에게도 칭찬을 받느니라 그러므로 우리가 화평의 일과 서로 덕을 세우는 일을 힘쓰나니 음식으로 말미암아 하나님의 사업을 무너지게 하지 말라 만물이 다 깨끗하되 거리낌으로 먹는 사람에게는 악한 것이라 고기도 먹지 아니하고 포도주도 마시지 아니하고 무엇이든지 네 형제로 거리끼게 하는 일을 아니함이 아름다우니라 네게 있는 믿음을 하나님 앞에서 스스로 가지고 있으라 자기가 옳다 하는 바로 자기를 정죄하지 아니하는 자는 복이 있도다 의심하고 먹는 자는 정죄되었나니 이는 믿음을 따라 하지 아니하였기 때문이라 믿음을 따라 하지 아니하는 것은 다 죄니라

음으로 각각 자기보다 남을 낮게 여기고, 각각 자기 일을 돌볼 뿐더러 또한 각각 다른 사람들의 일을 돌보아 나의 기쁨을 충만하게 하라. 너희 안에 이 마음을 품으라. 곧 그리스도 예수의 마음이니. _빌 2:3~5

그는 자신이 우리에게 행하라고 가르치는 바의 본보기가 되시는 분은 예수라고 말한다. "그리스도께서도 자기를 기쁘게 하지 아니하셨나니 기록된 바, '주를 비방하는 자들의 비방이 내게 미쳤나이다' 함과 같으니라"(롬 15:3).

이 인용문은 불의한 고통을 묘사하는 시편 69편에서 가져온 것이다. 하지만 시편 기자는 자신을 괴롭히는 이들에 대한 하나님의 심판을 요구하는 반면(시 69:7~8 내가 주를 위하여 비방

로마서 15:1~8

믿음이 강한 우리는 마땅히 믿음이 약한 자의 약점을 담당하고 자기를 기쁘게 하지 아니할 것이라 우리 각 사람이 이웃을 기쁘게 하되 선을 이루고 덕을 세우도록 할지니라 그리스도께서도 자기를 기쁘게 하지 아니하셨나니 기록된 바 주를 비방하는 자들의 비방이 내게 미쳤나이다 함과 같으니라 무엇이든지 전에 기록된 바는 우리의 교훈을 위하여 기록된 것이니 우리로 하여금 인내로 또는 성경의 위로로 소망을 가지게 함이니라 이제 인내와 위로의 하나님이 너희로 그리스도 예수를 본받아 서로 뜻이 같게 하여 주사 한마음과 한 입으로 하나님 곧 우리 주 예수 그리스도의 아버지께 영광을 돌리게 하려 하노라

그러므로 그리스도께서 우리를 받아 하나님께 영광을 돌리심과 같이 너희도 서로 받으라 내가 말하노니 그리스도께서 하나님의 진실하심을 위하여 할례의 추종자가 되셨으니 이는 조상들에게 주신 약속들을 견고하게 하시고

을 받았사오니 수치가 나의 얼굴에 덮었나이다 내가 나의 형제에게는 객이 되고 나의 어머니의 자녀에게는 낯선 사람이 되었나이다), 예수께서는 자신의 아버지께 자신을 십자가에 못 박고 있는 이들을 용서해달라고 기도하셨다. 그리고 바울은 우리에게 그분의 본보기를 따르라고 말한다—예수를 위한 첫 번째 순교자였던 스데반이 그랬듯이(행 7:59~60). 따라서 로마서 15장 4절과 13절에서 바울은 예수의 본보기를 성경과 연결하며, 이를 소망과 평화, 기쁨으로 충만하기 위한 방법을 제시한다. 하지만 바울은 그보다 훨씬 더 나아가서 자신의 가르침을 매우 강력한 기도로 바꾸어 놓는다.

이제 인내와 위로의 하나님이 너희로 그리스도 예수를 본받

행 7:59~60

그들이 돌로 스데반을 치니 스데반이 부르짖어 이르되 주 예수여 내 영혼을 받으시옵소서 하고 무릎을 꿇고 크게 불러 이르되 주여 이 죄를 그들에게 돌리지 마옵소서 이 말을 하고 자니라

로마서 15:4

무엇이든지 전에 기록된 바는 우리의 교훈을 위하여 기록된 것이니 우리로 하여금 인내로 또는 성경의 위로로 소망을 가지게 함이니라

로마서 15:13

소망의 하나님이 모든 기쁨과 평강을 믿음 안에서 너희에게 충만하게 하사 성령의 능력으로 소망이 넘치게 하시기를 원하노라

아 서로 뜻이 같게 하여 주사 한마음과 한 입으로 하나님 곧 우리 주 예수 그리스도의 아버지께 영광을 돌리게 하려 하노라. _롬 15:5~6

바울은 (그리스도인들이 서로를 용납하고 의견을 달리할 때조차도 다른 이들과 평화를 이루며 살기 위해 열심히 노력할 때) 그리스도인들 사이의 참된 평화가 무엇을 뜻하는지를 우리에게 보여준다. 그것은 그들이 그리스도의 마음을 가지고 있음을 뜻한다. 그것은 그들이 참으로 예배 때에 한목소리로 함께 노래를 부를 수 있음을 뜻한다. 그리고 그것은 그들이 하나님 아버지께 영광을 돌릴 것을 뜻한다. 이 모든 것이 놀라운 말처럼 들린다. 하지만 각각에 대해 반대되는 경우를 생각해보면, 이것은 강력한 경고다.

우리가 서로 싸우며 정죄할 때, 우리가 다른 그리스도인들을 비난할 때, 우리가 그들과 분리되어 교회 안에서 온갖 종류의 분열을 조장할 때,

- 우리는 그리스도의 마음을 가지고 있지 않다.
- 우리는 예배 '한목소리로' 노래하는 것을 스스로 비웃는 셈이다.
- 우리는 하나님께서 받으실 영광을 탈취하는 셈이다.

바울이 묘사하는 평화는 심각한 사안이다. 그저 행복한 감

정을 말하는 것이 아니다. 그리스도의 복음과 하나님의 영광의 핵심에 평화가 자리 잡고 있다. 분명히 바울은 오늘날의 교회를 향해서도 똑같이 말할 것이다. 오늘 교회에 안에서 사물을 우리 자신과 다르게 바라보는 다른 그리스도인들을 끊임없이 정죄하는 모습을 자주 보고 있다. 그가 갈라디아인들에게 말했듯이 "만일 서로 물고 먹으면 피차 멸망할까 조심하라"라고 덧붙이지 않겠는가?(갈 5:15).

바울은 평화를 추구하고 평화롭게 사는 것이 그리스도인으로서 함께 살아가는 것의 매우 중요한 부분이라고 생각했다. 혹시라도 내가 로마서 14~15장에 너무 많은 시간을 할애한다고 생각한다면, 이는 바울이 이 본문에서 평화를 자세히 철저하게 설명하고 있기 때문이다. 하지만 그가 동일한 주제를 더 간략히 다룬 본문들이 얼마나 많은지 살펴보기 바란다.

- 롬 12:18 – "할 수 있거든 너희로서는 모든 사람과 더불어 **화목하라**."
- 고전 7:15 – (결혼에 관해) "하나님은 **화평 중에서** 너희를 부르셨느니라."
- 고전 14:22 – (예배에 관해) "하나님은 무질서의 하나님이 아니시요, 오직 **화평의** 하나님이시니라."
- 고후 13:11 – (교회의 분열에 관해) "온전하게 되며 위로를 받으며 마음을 같이하며 **평안할지어다. 또 사랑과 평강의 하나님**이 너희와 함께 계시리라."

◆ 엡 4:3 – **"평안의 매는 줄로** 성령이 하나 되게 하신 것을 힘
써 지키라."

◆ 골 3:15 – **"그리스도의 평강**이 너희 마음을 주장하게 하라.
너희는 **평강을 위하여** 한 몸으로 **부르심을 받았나니.**"

이렇게 평화를 실천한다는 것—우리 삶 속에서 이 성령의 열매
를 기른다는 것—은 무엇을 뜻할까?
적어도 이것을 의미할 것이다.

◆ 우리들 안에서 갈등을 더 많이 만들기보다는(혹은 애초에 갈
등을 초래하기보다는) 해결하고 해소하려고 노력해야 한다.
◆ 오해와 분열을 만들어내기 쉬운 말과 행동을 삼가기 위해
주의해야 한다.
◆ (엄밀히 말해서 우리가 잘못하지 않았더라도!) 빨리 사과하고
미안하다고 말해야 한다. "미안해"가 가장 어려운 말일지도
모르지만 평화를 회복하는 첫 번째 말이 되는 경우가 많다.
◆ 누군가 우리에 대해 반대하는 말이나 행동을 할 때 서둘러
자신을 변호하기보다는 하나님이 그분의 때에 진실을 밝혀
주시기를 기다려야 한다. 바울은 다른 그리스도인과 법정 소
송을 벌이는 것보다 피해를 감수하는 편이 더 낫다고 말했다.
◆ 다른 사람에 관한 글을 언론이나 블로그 등을 통해 공표하
기보다는 형제자매가 서로에 대한 불만을 어떻게 해결해야
하는가에 관한 예수의 가르침(마 18:15~17)을 주의깊게 따

라야 한다.

◆ 무엇보다도 다른 이들에게 대한 모든 종류의 험담을 삼가며
엄격히 비밀을 지키는 훈련을 한다.

아마도 이 장을 마무리하는 최선의 방법은(엄밀히 말하면 저
자는 알려지지 않았지만) 흔히 아시시의 성 프란체스코의 것으로
알려진 기도를 인용하는 것이겠다.

주님, 저를 주님의 평화를 위한 도구로 삼으소서.
미움이 있는 곳에 사랑을,
상처가 있는 곳에 용서를,
의심이 있는 곳에 믿음을,
절망이 있는 곳에 소망을,
어둠이 있는 곳에 빛을,
슬픔이 있는 곳에 기쁨을 심게 하소서.
주 하나님,
위로받기보다는 위로하기를,
이해받기보다는 이해하기를,
사랑받기보다는 사랑하기를 힘쓰게 하소서.
이는 우리가 베풂으로써 받고,
용서함으로써 용서받고,
죽음으로써 영원한 생명으로 태어나기 때문입니다.
아멘.

한 번 더 생각해 보기

❶ 어떤 성경 이야기를 사용해서 화해와 평화 만들기의 힘을 설명하겠는가?

❷ 교회나 문화 속에서 그리스도인들이 평화와 화해를 이루는 데 기여해 왔음을 보여주는 예는 무엇인가?

❸ 현재 교회나 기독교 공동체 안에 갈등이나 분열이 존재하는가? 평화와 화해를 위해 어떤 노력을 할 수 있는지 생각해 보라.
설교자라면 로마서 14~15장에 대한 연속 설교나 성경 공부를 어떻게 준비할 수 있을지 생각해 보라.

❹ 어떤 방식으로 우리 삶은 성령의 열매로서의 평화를 드러내고 있다고 생각하는가? 지금보다 이 열매를 더 충실하게 드러내기 위해서 당신은 어떻게 기도해야 하는가?

오래 참음

04

Patience

오래 참음 *Patience*

바울이 말하는 성령의 열매 중 첫 번째 세 가지, 사랑, 희락, 화평은 매우 영적으로 들린다. 거의 천상적인 것처럼 들린다. 적어도 주일과 잘 맞는 것처럼 보인다. 하지만 네 번째 덕목인 '오래 참음'은 월요일에 우리를 다시 땅으로 데리고 온다. 주중에 우리의 삶은 어떤 모습인가? 분주하고 소란한 삶 속에서 우리에게 닥치는 모든 일에 대해 우리는 어떻게 대처하고 있는가?

바울이 사용하는 말은 문자적으로 '쉽게 화를 내지 않음'을 뜻한다. 옛 영어 번역본에서는 '오래 참음'(long-suffering)으로 번역했다. 이 단어는 계속 살려둘 만한 가치가 있는 옛 표현 중 하나다. 더 최근에는 '**인내**'(관용, forbearance)로 번역되고 있다. 사실 바울이 사용한 용어의 맛을 온전히 살리기 위해서는 두 의미가 모두 필요하다. 성령의 열매로서의 인내는 다음과 같은 의미가 있다.

- ◆ 우리에게 어떤 반대나 고통이 닥쳐오더라도 **오래 참을** 수 있고 보복이나 복수를 원하지 않은 채 **인내**를 보일 수 있는 능력
- ◆ (다른 그리스도인들을 비롯해) 다른 사람들의 약점이나 결점을 **참아주고** 쉽게 짜증을 내거나 화를 내며 맞서 싸우려 하

지 않으면서 그들을 향해 **관용**을 보일 수 있는 능력

따라서 인내는 어렵다. 힘과 정력을 요구하며, 다른 이들에 대한 우리의 반응을 통제할 수 있는 능력에 달려 있다. 그 어느 것도 쉽지 않다. 자연스럽게 우리에게 찾아오는 능력이 아니며, 그렇기 때문에 성령께서 우리 안에 이 열매가 자랄 수 있게 해주셔야 한다.

하지만 **우리가** 어떻게 행동해야 하는가에 관해 생각해 보기 전에 하나님의 인내에 관해 먼저 생각해 보아야 한다. 기억하라. **성령의 열매에 관해** 이야기할 때 이는 하나님의 성품이 우리의 성품 안에서 열매를 맺는 것을 뜻한다. 하나님의 생명이 우리의 생명 안에서 일하는 것을 말한다.

구약에 나타난 하나님의 인내

어쩌면 여러분은 구약에 나타난 하나님의 인내에 관해 생각해 보지 않았을지도 모른다. 많은 사람이 이른바 '구약의 하나님'은 언제나 화가 나 있으시거나 갑자기 화를 내신다고 생각한다. 사람들의 죄나 교만에 대한 하나님의 분노를 보여주는 몇몇 두드러진 사례가 있다. 하지만 하나님이 모세에게 자신이 어떤 분이신지를 말씀하실 때, 그분은 이렇게 말씀하셨다. "여호와라. 여호와라. 자비롭고 은혜롭고 노하기를 더

디하고 인자와 진실이 많은 하나님이라"(출 34:6).

"노하기를 더디하고"라는 구절이 인내라는 말의 뜻을 잘 표현해주고 있다.

시내 산에서 이스라엘 백성이 큰 죄를 범하고 있을 때 하나님이 이런 결정적인 진술을 하셨다. 그들은 금송아지로 배교와 우상숭배의 죄를 범했다(출 32장). 그리고 분명히 하나님은 그에 대해 심판을 내리셨다. 하나님은 그들을 완전히 멸하겠다고 위협하셨지만, 모세가 백성을 위해 중보했을 때 그분은 민족 전체를 살려주시고 계속 그들을 이끄셨다(출 33:12~17).

이 유명한 구절(출 34:6 여호와께서 그의 앞으로 지나시며 선포하시되 여호와라 여호와라 자비롭고 은혜롭고 노하기를 더디하고 인자와 진실이 많은 하나님이라)은 구약에서 매우 빈번히 인용되었다.

출애굽기 33:12~17

모세가 여호와께 아뢰되 보시옵소서 주께서 내게 이 백성을 인도하여 올라가라 하시면서 나와 함께 보낼 자를 내게 지시하지 아니하시나이다 주께서 전에 말씀하시기를 나는 이름으로도 너를 알고 너도 내 앞에 은총을 입었다 하셨사온즉 내가 참으로 주의 목전에 은총을 입었사오면 원하건대 주의 길을 내게 보이사 내게 주를 알리시고 나로 주의 목전에 은총을 입게 하시며 이 족속을 주의 백성으로 여기소서 여호와께서 이르시되 내가 친히 가리라 내가 너를 쉬게 하리라 모세가 여호와께 아뢰되 주께서 친히 가지 아니하시려거든 우리를 이 곳에서 올려 보내지 마옵소서 나와 주의 백성이 주의 목전에 은총 입은 줄을 무엇으로 알리이까 주께서 우리와 함께 행하심으로 나와 주의 백성을 천하 만민 중에 구별하심이 아니니이까 여호와께서 모세에게 이르시되 네가 말하는 이 일도 내가 하리니 너는 내 목전에 은총을 입었고 내가 이름으로도 너를 앎이니라 가장 아름다운 예 중 하나는 시편 103편이다.

> 여호와는 긍휼이 많으시고 은혜로우시며
> 노하기를 더디 하시고 인자하심이 풍부하시도다.
> 자주 경책하지 아니하시며
> 노를 영원히 품지 아니하시리로다.
> 우리의 죄를 따라 우리를 처벌하지는 아니하시며
> 우리의 죄악을 따라 우리에게 그대로 갚지는 아니하셨으니.
> _시 103:8~10

또한 시편 기자는 하나님의 긍휼을 아버지가 자녀를 대하는 방식—분명히 많은 인내가 있어야 하는—에 비교한다!

인간이 심판을 받아 마땅할 때조차도 하나님은 인내하신다. 특히 회개의 가능성이 있을 때는 더 그렇다. 요나는 바로 이것을 깨달았다. 사실 요나는 이미 알고 있으며, 그래서 그는 그토록 인내하며 용서하신다고 하나님을 비판한다! 요나는 하나님이 이스라엘에게 그토록 자주 보여주셨던 그분의 속성을 자신들이 미워하던 외국인들에게 보여주시자 당혹스러워하며 분노했다(욘 3:10~4:4).

하나님은 자신에 관해 "노하기를 더디 하고"라고 말씀하셨다. 하나님의 분노가 인간의 사악함과 죄에 의해 정당하고 꼭 필요한 방식으로 촉발될 때조차도 그분의 분노는 영원히 지속되지 않는다. 미가는 하나님의 성품의 이러한 측면(그분이 영원히 화를 품지 않으신다는 것)이 이스라엘의 하나님 야훼의 독특한 특성이며 다른 신들에게는 적용되지 않는다는 것을 알고 있었다.

주와 같은 신이 어디 있으리이까?
주께서는 죄악과 그 기업에 남은 자의 허물을 사유하시며
인애를 기뻐하시므로
진노를 오래 품지 아니하시나이다.
다시 우리를 불쌍히 여기셔서
우리의 죄악을 발로 밟으시고
우리의 모든 죄를 깊은 바다에 던지시리이다.
_미 7:18~19

물론 구약의 이스라엘 역사에는 하나님이 분노하시는 때가

요나서 3:10~4:4

하나님이 그들이 행한 것 곧 그 악한 길에서 돌이켜 떠난 것을 보시고 하나님이 뜻을 돌이키사 그들에게 내리리라고 말씀하신 재앙을 내리지 아니하시니라 요나가 매우 싫어하고 성내며 여호와께 기도하여 이르되 여호와여 내가 고국에 있을 때에 이러하겠다고 말씀하지 아니하였나이까 그러므로 내가 빨리 다시스로 도망하였사오니 주께서는 은혜로우시며 자비로우시며 노하기를 더디하시며 인애가 크시사 뜻을 돌이켜 재앙을 내리지 아니하시는 하나님이신 줄을 내가 알았음이니이다 여호와여 원하건대 이제 내 생명을 거두어 가소서 사는 것보다 죽는 것이 내게 나음이니이다 하니 여호와께서 이르시되 네가 성내는 것이 옳으냐 하시니라

있었다. 하지만 수많은 세기와 세대에 걸쳐 인내하신 하나님의 오랜 이야기에 비추어 그분의 분노를 이해해야 한다. 많은 경우 오랜 세월에 걸쳐 수많은 예언자를 통해 경고하고 호소한 후에야 하나님의 심판이 임했다. 사실 이들 예언자 중 일부는 이스라엘의 계속되는 반역과 죄 앞에서 하나님이 인내하시는 것을 보면서 놀랐다. 이제 몇몇 사례를 살펴보겠다.

◆ **호세아**는 부모가 계속해서 방황하는 자녀에 대해 인내해야 하듯이 하나님이 이스라엘에 대해 지금까지 인내하셨다고 말한다. 부모의 인내는 호세아를 통해 하나님의 말로 아름답게 표현되었다.

"이스라엘이 어렸을 때에 내가 사랑하여
내 아들을 애굽에서 불러냈거늘,
선지자들이 그들을 부를수록
그들은 점점 멀리하고
바알들에게 제사하며
아로새긴 우상 앞에서 분향하였느니라.
그러나 내가 에브라임에게 걸음을 가르치고
내 팔로 안았음에도
내가 그들을 고치는 줄을
그들은 알지 못하였도다.
내가 사람의 줄 곧 사랑의 줄로 그들을 이끌었고

그들에게 대하여 그 목에서 멍에를 벗기는 자 같이 되었으며 그들 앞에 먹을 것을 두었노라."_호 11:1~4

◆ **예레미야**는 40년 동안 인내하며 이스라엘 백성에게 하나님께 돌아오고 그들의 길을 돌이키라고 호소했지만, 그들은 그렇게 하지 않았다. 하나님은 예레미야를 통해 이렇게 말씀하신다.

"내가 말하기를
'내가 어떻게 하든지 너를 자녀들 중에 두며
허다한 나라들 중에 아름다운 기업인
이 귀한 땅을 네게 주리라' 하였고
내가 다시 말하기를
'너희가 나를 나의 아버지라 하고
나를 떠나지 말 것이니라' 하였노라.
그런데 이스라엘 족속아,
마치 아내가 그의 남편을 속이고 떠나감 같이
너희가 확실히 나를 속였느니라. 여호와의 말씀이니라."
_렘 3:19~20

너는 또 그들에게 말하기를,
"여호와의 말씀에
'사람이 엎드러지면 어찌 일어나지 아니하겠으며

사람이 떠나갔으면 어찌 돌아오지 아니하겠느냐?

이 예루살렘 백성이 항상 나를 떠나 물러감은 어찌함이냐?

그들이 거짓을 고집하고 돌아오기를 거절하도다.

내가 귀를 기울여 들은즉

그들이 정직을 말하지 아니하며

그들의 악을 뉘우쳐서

"내가 행한 것이 무엇인고?" 말하는 자가 없고

전쟁터로 향하여 달리는 말 같이

각각 그 길로 행하도다.

공중의 학은 그 정한 시기를 알고

산비둘기와 제비와 두루미는 그들이 올 때를 지키거늘

내 백성은 여호와의 규례를 알지 못하도다.'"

_렘 8:4~7

유다의 왕 아몬의 아들 요시야 왕 열셋째 해부터 오늘까지 이십삼 년 동안 여호와의 말씀이 내게 임하기로 내가 너희에게 꾸준히 일렀으나 너희가 순종하지 아니하였느니라.

그러므로 여호와께서 그의 모든 종 선지자를 너희에게 끊임없이 보내셨으나 너희가 순종하지 아니하였으며 귀를 기울여 듣지도 아니하였도다. _렘 25:3~4

◆ **선지자**들을 인내의 최고의 본으로 삼을 때 아마도 야고보는 특히 예레미야를 염두에 두었을 것이다. "형제들아 주의 이름

으로 말한 선지자들을 고난과 오래 참음의 본으로 삼으라."

_약5:10

◆ 인내는 여러분이 얼마나 많이 짊어질(bear) 수 있는가와 관계가 있다. 그래서 인내가 바닥났을 때 우리는 "더 이상 참을 (bear) 수 없어"라고 말한다. **이사야**가 묘사한 하나님과 이스라엘 사이의 논쟁에서 **그분**은 **그들**에게 짐을 지우지 않으셨지만 **그들**은 끊임없이 그들의 죄로 **그분**을 지치게 했다.

나는 제물로 말미암아 너를 수고롭게 하지 아니하였고
유향으로 말미암아 너를 괴롭게 하지 아니하였거늘 …
너는 … 네 죄짐으로 나를 수고롭게 하며
네 죄악으로 나를 괴롭게 하였느니라.

_사43:23, 24

물론 이는 하나님이 문자적으로 지치신다는 뜻이 아니다. 그 의미는 하나님이 인내하실 때 그것은 그분이 인간의 죄라는 무거운 짐을 지고 계시기 때문이라는 것이다. 실제로 '용서하다'로 번역되는 히브리어 단어 중 하나는 문자적으로 '지다 혹은 나르다'를 뜻한다. 따라서 하나님이 인내하실 때, 하나님이 용서하실 때, 그것은 오직 하나님이 우리의 죄를 대신 지고 죄의 무게와 대가를 그분 자신의 '어깨에' 지기로 작정하셨기 때문이다. 물론 이것이 바로 예수께서 십자가 위에서 우리를 위해 행하신 바이다.

> 그는 실로 우리의 질고를 지고
> 우리의 슬픔을 당하였거늘
> …
> 여호와께서는 우리 모두의 죄악을
> 그에게 담당시키셨도다.
> …
> 그가 많은 사람의 죄를 담당하며
> 범죄자를 위하여 기도하였느니라.
>
> _사 53:4, 6, 12

따라서 바울이 하나님의 성령이 우리 삶 속에서 인내의 열매를 만드실 것이라고 말할 때, 그는 우리에게 성경의 하나님이 우리의 죄를 대신 지신 하나님, 모든 악과 사악함에 대한 그분의 의로운 분노를 자신의 어깨에 짊어지신 그분의 아들의 위격 안에서 우리의 죄를 친히 담당하신 하나님이심을 상기시키고 있다. 그것이 하나님의 인내의 참된 대가다. 그리고 이것은 우리를 곧장 예수께로 이끈다.

예수의 인내

　　　　제자들에 대한 예수의 인내는 수없이 검증을 받았다. 그들은 예수께서 무엇을 말씀하시고 행하시는지를 잘 이해하지 못하는 경우가 너무나도 많았기 때문이다(하지만 우리 중 그 누구도 더 낫다고 생각하지는 않는다). 그럼에도 예수께서는 그들을 참아주셨다. 요한은 예수께서 제자들과 나누신 마지막 식사에 관한 이야기를 이렇게 시작한다. "예수께서 자기가 세상을 떠나 아버지께로 돌아가실 때가 이른 줄 아시고 세상에 있는 자기 사람들을 사랑하시되 끝까지 사랑하시니라"(요 13:1). 그리고 바로 그때 그분이 그들의 발을 씻기시고 그들이 식사를 마친 후에 예수께서는 자신의 아버지께 이렇게 기도하셨다. "내가 그들과 함께 있을 때에 내게 주신 아버지의 이름으로 그들을 보전하고 지키었나이다. 그 중의 하나도 멸망하지 않고 다만 멸망의 자식뿐이오니 이는 성경을 응하게 함이니이다"(요 17:12). 예수께서는 그들의 모든 결함과 실패에도 인내하며 그들을 참아주셨다.

　그리고 구약의 예언자들처럼 예수께서는 예루살렘을 바라보며 우셨다. 그때 그분은 하나님이 오래 참으시며 그들을 구원하고 보호하기를 갈망하셨지만, 그들이 그분께 돌아오려 하지 않았다는 것에 관해 생각하셨다.

　"예루살렘아, 예루살렘아, 선지자들을 죽이고 네게 파송된 자들을 돌로 치는 자여, 암탉이 그 새끼를 날개 아래에 모음 같이 내가 네 자녀를 모으려 한 일이 몇 번이더냐. 그러나 너희가 원하지 아니하였도다."_마 23:37

가까이 오사 성을 보시고 우시며 이르시되, "너도 오늘 평화에 관한 일을 알았더라면 좋을 뻔하였거니와 지금 네 눈에 숨겨졌도다."_눅 19:41~42

물론 예수께서는 십자가의 폭력과 잔인함, 불의를 견디심으로써 최고의 인내를 보여주셨다. 그리고 그분은 우리의 죄를 대신 '지기' 위해—보복 없이, 그분의 아버지 하나님을 신뢰하시며— 그렇게 하셨다. 다시 말해서, 예수께서는 고난과 죽음을 통해 그분의 십자가형을 요구하고 실행했던 이들의 직접적인 적대감뿐만 아니라 여러분과 나의 죄를 포함해 세상의 죄를 대신 지셨다.

베드로는 이사야 53장을 인용하면서 고통을 견디신 예수의 인내를 우리의 인내의 본보기로 제시한다.

선을 행함으로 고난을 받고 참으면 이는 하나님 앞에 아름다우니라. 이를 위하여 너희가 부르심을 받았으니, 그리스도도 너희를 위하여 고난을 받으사 너희에게 본을 끼쳐 그 자취를 따라오게 하려 하셨느니라.
"그는 죄를 범하지 아니하시고 그 입에 거짓도 없으시며" 욕을 당하시되 맞대어 욕하지 아니하시고 고난을 당하시되 위협하지 아니하시고 오직 공의로 심판하시는 이에게 부탁하시며 친히 나무에 달려 그 몸으로 "우리 죄를 담당하셨으니."

_벧전 2:20~24

그러므로 (신약에서 말하듯이) 하나님의 성령이 예수의 영이시라면, 그분은 우리가 예수의 본보기를 따르게 하심으로써 우리를 더 그리스도를 닮도록 만드실 것이다. 성령의 열매는 우리의 구원을 위해 그리스도께서 고통을 견디셨음을 반영하는 인내의 속성을 포함한다.

이는 결국 우리의 인내로 이어진다. 우리는 구약에 나타난 하나님의 인내와 신약에 나타난 그리스도의 인내에 관해 살펴보았다. 하나님을 닮은 인내가 우리 자신의 삶 속에서 열매처럼 자라갈 때 그것은 어떤 모습일까?

그리스도인의 삶 속에 나타나는 인내

처음에 언급했던 이 단어의 두 의미로 돌아가 보자. 그것은 오래 참음(박해를 견딤)을 뜻하기도 하고 관용(서로에 대한 용서)을 뜻하기도 하며, 신약에서 이 단어는 두 가지 방식 모두로 사용된다.

고통을 견딤

성경은 하나님의 백성이 하나님과 하나님의 백성의 원수인 이들—인간적이거나 사탄적인 원수—의 적대감 때문에 고통을 당할 것이라고 분명히 가르친다. 따라서 그리스도의 본보기가 우리에게는 꼭 필요하다. 그리고 우리가 그리스도의 고난에 관해 생각할 때, 그분이 고통을 당하셨다는 **사실**뿐만 아니라 그분이 그 고통을 견디신 **방식**도 중요하다. 다시 베드로의 말을 들어 보자.

> 사랑하는 자들아, 너희를 연단하려고 오는 불 시험을 이상한 일 당하는 것 같이 이상히 여기지 말고, 오히려 너희가 그리스도의 고난에 참여하는 것으로 즐거워하라. 이는 그의 영광을 나타내실 때에 너희로 즐거워하고 기뻐하게 하려 함이라. 너희가 그리스도의 이름으로 치욕을 당하면 복 있는 자로다. 영광의 영 곧 하나님의 영이 너희 위에 계심이라. … 만일 그리스도인으로 고난을 받으면 부끄러워하지 말고 도리어 그 이름으로 하나님께 영광을 돌리라. … 그러므로 하나님의 뜻대로 고난을 받는 자들은 또한 선을 행하는 가운데에 그 영혼을 미쁘신 창조주께 의탁할지어다. _벧전 4:12~14, 16, 19

이 절들의 메시지는 분명하다. 고난을 겪을 때 그리스도인들은

◆ **놀라지 말아야 한다**(우리는 예수께, 또한 사도들에게 반복적으로 고난 받을 것을 예상하라고 경고를 받았다).

◆ **보복하지 말아야 한다**(천사의 무리를 소환하실 수도 있었지만, 심지어는 말로도 맞서 싸우지 않으신 그리스도의 본보기를 우리는 따르기 때문이다).

◆ **포기하지 말아야 한다**(하나님께 우리 자신을 의탁한다고 해서 우리는 그저 뒤로 물러나 기다리지 않는다. 우리는 부름 받은 일을 계속해 나가며 낙심하지 않고 선을 행한다).

바울도 분명히 가르친다. 또한 그는 자신이 가르치는 바를 경험을 통해 배워 알고 있다.

> 나의 교훈과 행실과 의향과 믿음과 오래 참음과 사랑과 인내와 박해를 받음과 고난과 또한 안디옥과 이고니온과 루스드라에서 당한 일과 어떠한 박해를 받은 것을 네가 과연 보고 알았거니와 주께서 이 모든 것 가운데서 나를 건지셨느니라. 무릇 그리스도 예수 안에서 경건하게 살고자 하는 자는 박해를 받으리라. _딤후 3:10~12

전 세계 수백만의 그리스도인 형제자매들은 이것을 잘 알고 있다. 그들은 예수를 믿는 믿음 때문에 증오와 차별, 투옥으로 고통을 당하고 있으며, 가정에서 쫓겨나기도 하고, 가장 끔찍한 방식으로 살해되기도 한다. 그들에게 고통을 견디는 것에 관한 성경의 가르침은 이론이나 교리가 아니라 무시무시한 현실이다.

우리는 그들을 위해서 기도해야 한다. 하지만 우리 자신을 위해서도 용기를 달라고 기도해야 한다. 우리의 신앙에 대해 적대적이거나 우리의 성경적 확신과 양심에 대해 찬성하지 않는 세상 속에서 그리스도인이라는 이유로 고통을 당할 때, 우리에게는 성령의 능력으로 예수를 닮고(말이나 행동으로) 분노에 찬 복수의 태도가 아니라 참고 인내하는 모습을 보일 은혜와 힘이 필요하다. 우리에게는 성령의 이 열매—오래 참음과 인내—가 매우 절실히 필요하다.

하지만 이런 고통과 박해를 참고 견뎌내는 중에도 정당한 종류의 '조바심'이 존재한다. 우리가 하나님께 부르짖고 그런

요한계시록 6:9~11

다섯째 인을 떼실 때에 내가 보니 하나님의 말씀과 그들이 가진 증거로 말미암아 죽임을 당한 영혼들이 제단 아래에 있어 큰 소리로 불러 이르되 거룩하고 참되신 대주재여 땅에 거하는 자들을 심판하여 우리 피를 갚아 주지 아니하시기를 어느 때까지 하시려 하나이까 하니 각각 그들에게 흰 두루마기를 주시며 이르시되 아직 잠시 동안 쉬되 그들의 동무 종들과 형제들도 자기처럼 죽임을 당하여 그 수가 차기까지 하라 하시더라

시편 46:9~10

그가 땅 끝까지 전쟁을 쉬게 하심이여 활을 꺾고 창을 끊으며 수레를 불사르시는도다 이르기를 너희는 가만히 있어 내가 하나님 됨을 알지어다 내가 뭇 나라 중에서 높임을 받으리라 내가 세계 중에서 높임을 받으리라 하시도다

상황을 끝내 달라고―그분이 약속하신 것처럼― 기도하는 것은 옳다. 성경 안의 역사를 포함해 오랜 세월 동안 사람들은 하나님이 나서서 불의와 억압, 폭력, 악을 종식하실 그날을 고대해 왔다. 그들은 "오 주님, 어느 때까지입니까?"라고 부르짖는다 (계 6:9~11). 우리는 하나님이 "너희는 가만히 있어 내가 하나님 됨을 알지어다"라고 명령하실 그날, 그분이 "땅 끝까지 전쟁을 쉬게 하실" 그날을 고대한다(시 46:9~10). 하지만 그날이 올 때까지 우리의 소명과 목표는 소망과 기쁨으로 기다린다. 왜냐하면 우리의 기다림이 헛되지 않음을 우리는 알고 있기 때문이다.

> 우리 영혼이 여호와를 바람이여
> 그는 우리의 도움과 방패시로다.
> 우리 마음이 그를 즐거워함이여
> 우리가 그의 성호를 의지하였기 때문이로다.
> 여호와여, 우리가 주께 바라는 대로
> 주의 인자하심을 우리에게 베푸소서. _시 33:20~22

서로에 대한 용서

인내는 서로에 대한 인내를 뜻하기도 한다. 이는 다른 사람들이 행하는 일을(혹은 여러분이 바라는 대로 행하지 않는 것을) 참아주는 것을 뜻한다. 이는 다른 사람들이 여러분을 짜증 나게 하거나 괴롭히거나 그보다 더 나쁜 일을 행할 때도 그들에 대해 '인내'하려고 노력하는 것을 뜻한다. 인내란 누군가에게 원한을 품는 대신 그를 용서하기로 작정하는 것이다. 인내란 상처를 주거나 불친절한 행위에 대해 가혹한 말로 맞서 싸우거나 여러분에게 해를 입힌 사람에게 빚을 갚아주려고 하기보다 그런 행위를 눈감아주기로 작정하는 것이다. 인내는 자신의 단점과 약점을 매우 잘 알고 있기에 다른 이들에 대해 인내하는 법을 배우는 것을 뜻한다. 다른 사람들 역시 당신에 대해 인내해야만 할지도 모른다는 것을 기억하는 것을 뜻한다.

안타깝게도 기독교 교회 안에서—그리고 심지어는 (어쩌면 특히나 더) 기독교 지도자들 사이에서— 이런 종류의 인내가 더 많이 필요하다. 즉각적으로 블로그에 글을 게재하고 댓글을(그리고 댓글에 대한 댓글을) 다는 세상에서 인내는 매우 무시되는 덕목이다. 어떤 사람들은 그것이 아무리 남에게 피해와 상처가 되더라도 조금도 지체하지 않고 자신의 말을 입력하고 자신의 주장을 전달하고 자신의 생각을 말한다. 우리는 매우 참을성이 없는 사람들이—태도와 의사소통, 다른 사람에 대한 기대에 있어서— 되고 말았다.

여러분은 목회자나 교회 지도자일지도 모른다. 그리고 목자로서 하나님의 백성들을 돌보는 일에는 무한하며 초자연적인 인내가 요구된다는 것을 알고 있을 것이다. 이는 사람들이 원래 그렇기—모두 다 다르기— 때문이다. 우리는 다른 성격과 취향, 다른 호오(좋아하는 것과 싫어하는 것), 다른 비전과 야심이 있다. 그리고 우리가 그리스도인이라고 해서 저절로 그런 차

이들이 상냥하고 따뜻하게 잘 융합되는 것은 아니다. 어떤 사람들은 매우 화를 잘 낸다. 어떤 사람들은 날 때부터 화가 나 있는 것처럼 보인다. 예수께서도 열두 제자들을 대하실 때 어려움을 겪으셨다. 그분을 따르는 이들로 이뤄진 훨씬 더 큰 집단을 이끈다는 것은 매우 어려운 일이다.

내가 45세에 성경 대학의 학장이 된 후 나와 나보다 더 나이가 많은 직원 사이에서 다른 접근 방식이나 비전의 차이가 드러날 때 나는—비록 그들을 진심으로 사랑했지만— 인내심을 발휘하기가 언제나 쉬운 것이 아님을 깨달았다. 나는 "늙은이를 꾸짖지 말고 권하되 아버지에게 하듯 하며"라는 바울이 디모데에 준 가르침을 순종하려고 무척이나 노력했다(딤전 5:1). 나보다 나이가 더 많은 동료 중 일부는 나보다 훨씬 더 많은 선교 경험과 지혜를 지니고 있었고, 그들을 매우 존경했기에 나는 인내할 수 있었다. 그들과 이견이 있을 때 나는 인내의 선물을 달라고 열심히 기도했다.

흔히 등산가가 밧줄로 함께 묶여 있는 등산가 무리를 이끄는 것처럼 팀을 이끌어야 한다고 말한다. 가장 천천히 산을 오르는 사람의 속도에 맞춰 이동해야 한다는 말이다. 하지만 무리 중 한 사람이 바위에 밧줄을 묶어둔 채 움직이기를 거부하면서 우리가 이 산을 아예 오르지 말아야 한다고 말한다면 어떻게 해야 할까?

오래 참기! 인내하기!

그리고 교회 안에 있는 나머지 사람들, 지도자가 아니라 이른바 '평범한 그리스도인들'인 우리 역시 얼마나 쉽게 서로에 게 짜증을 내며 화를 내는가? 하나님이 교회 안에서 서로 만 나게 하신 모든 사람을 참고 견디기 위해서 우리에게는 너무 나도 많은 인내가 필요하다. 그들이 모두 우리 같기만 하면 얼 마나 좋을까! 하지만 우리를 참고 견디기 위해서는 그들에게 도 인내가 필요하다는 것을 우리는 기억해야 한다.

　이런 우스운 시가 있다.

　　　저 위에서 성도들과 사랑 안에 거하는 것—
　　　그것은 얼마나 영광스러운 일일까!
　　　하지만 이 아래에서 성도들과 함께 거하는 것—
　　　아! 그것은 전혀 다른 이야기다!

　다른 이들에게 이런 종류의 인내를 발휘하는 것은 매우 어 려운 일일 수도 있다. 이렇게 그리스도를 닮고, 그분의 성령의 열매가 우리 안에서 영글게 하는 것은 어려운 일이다. 그것은 **열매**다. 하지만 동시에 우리는 이를 위해 **노력**해야 한다. 노력 과 분투가 필요하다. 여러분이 오해를 받거나 잘못 해석되거 나 거짓으로 비난을 받을 때, 혹은 다른 사람들이 여러분에 관 해 험담하고 헛소문을 퍼트리고 있다는 것을 알게 되었을 때 는 특히 더 그렇다. 하지만 그럴 때일수록 인내가 더 중요하 다. 여러분이 참고 견뎌야 할 것이 전혀 없다면 스스로 인내하 는 사람이라고 주장하는 것은 그다지 큰 의미가 없는 일일 것이다.

오래 참기! 관용하기!

사도이자 지도자였던 바울은 이런 상황들에 관해 너무나도 잘 알고 있었으며, 심지어 자신이 세웠던 교회들과의 관계에서 이런 상황들을 직접 경험하기도 했다. 하지만 그는 우리에게 다른 사람의 짐을 지고, 다른 사람이 흘린 잉크를 흡수하는 압지가 되고, 맞서 싸우려 하면서 방어적인 태도를 취하고 원한을 품고 분개하거나 화가 나서 포기하겠다고 위협하는 반응을 보이려는 유혹을 이겨내라고 권면한다.

바울이 자신이 세운 몇몇 교회를 향해 했던 말은 교인들과 그들의 지도자들 모두에게 기본적인 지침을 제공한다(아래에서 볼드체로 표기한 단어에 주목해 보라).

> 형제들아, 우리가 너희에게 구하노니, 너희 가운데서 수고하고 주 안에서 너희를 다스리며 권하는 자들을 너희가 알고 그들의 역사로 말미암아 사랑 안에서 가장 귀히 여기며 너희끼리 화목하라. 또 형제들아 너희를 권면하노니, 게으른 자들을 권계하며 마음이 약한 자들을 격려하고 힘이 없는 자들을 붙들어 주며 **모든 사람에게 오래 참으라.** 삼가 누가 누구에게든지 악으로 악을 갚지 말게 하고 서로 대하든지 모든 사람을 대하든지 항상 선을 따르라. _살전 5:12~15

> 내가 너희를 권하노니 … 모든 겸손과 온유로 하고 **오래 참음**

으로 사랑 가운데서 서로 용납하고. _엡 4:1~2

누가 누구에게 불만이 있거든 **서로 용납하여 피차 용서하되**
주께서 너희를 용서하신 것 같이 너희도 그리하고. _골 3:13

가끔 우리는 찬송가 "저 멀리 푸른 언덕에"(There is a green hill far away)를 부른다. 이 곡에는 "우리가 **용서 받을 수 있게 하**시려고 그분이 죽으셨네"라는 가사가 있다. 아멘! 정말로 그렇다. 하지만 우리가 **용서하는 사람**—서로 용서하는 사람—이 되게 하시려고 그분이 죽으셨다는 말 역시 참이다. 또한 그런 식으로 다른 이들을 기꺼이 용서하는 태도가 그 자체로 인내의 열매다. 이것은 단단하지만 부드러운 성령의 열매다.

❶ 그리스도인으로서 우리의 경험에서 하나님은 어떻게 우리에 대해 인내하셨는가?

❷ 다른 사람들은 어떻게 당신에 대해 인내해야 하는가?

❸ 우리는 주로 어떤 상황에서 다른 사람들에 대해 인내하지 못하는 경향이 있는가? 그럴 때 우리는 어떻게 인내함으로써 우리 삶에서 성령의 열매를 보일 수 있는가?

❹ 우리 문화 속에서 그리스도인들이 박해와 고난 앞에서 큰 인내를 보여주었던(지금 보여주고 있는) 사례가 있는가?

❺ 성령의 열매로서의 오래 참음(고난 중에 오래 참음과 다른 그리스도인들을 향한 인내)에 관한 연속 설교나 성경 공부를 위해 어떤 본문을 택하겠는가?

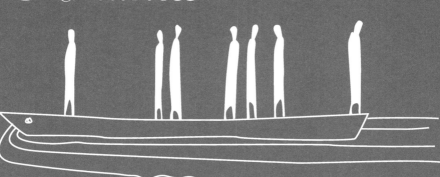

자비
05

Kindness

자비 *Kindness*

인내가 단단한 성령의 열매라면 자비는 더 부드러운 열매다. 바울이 인내 바로 다음에 자비를 언급한다는 점이 흥미롭다. 아마도 그는 두 가지 모두 **사랑**—첫 번째 성령의 열매—의 본질적인 속성이라고 생각했기 때문일 것이다. "사랑은 오래 참고 사랑은 온유하며"라고 했다(고전 13:4). 정말로 그렇다. 그렇지 않은가? 여러분이 누군가를 사랑할 때 그 사람에 대해 인내하기가 더 쉽다(적어도 조금은 덜 어렵다!). 그리고 다른 이들에 대해 자비로운 태도를 갖는 것은 참으로 사랑이 넘치는 사람의 특징 중 하나다.

그렇다면 자비란 무엇인가? 누군가가 우리에게 혹은 다른 사람들에게 자비로웠다고 말할 때 우리는 어떤 종류의 행동을 염두에 두고 있는 것인가? 나는 자비의 본질이 어떤 특정한 상황에서 자신보다 다른 사람들을 더 배려하는 것이라 생각한다. 자비롭다는 것은, 다른 이들을 돕고 그들을 격려하거나 위로하고 그들에게 도움이나 유익이 되는 무언가를 행하는 것을 뜻한다. 다른 누군가에게 자비를 베풀기 위해서 나는 그 사람의 입장이 되어야 하며 그 사람이 나를 위해 무엇을 하기를 바랄 것인지를 생각해 보아야 한다. 그런 다음 그를 위해 그것을 행해야 한다. 자비는 예수께서 무엇이든지 우리가 다른 사람들이 우리를 위해 행하기를 바라는 바를 행해야 한다고 말씀하셨을 때 뜻하셨던 바와 매우 가까워 보인다.

자비는 유쾌한 말이나 진심으로 관심을 표현하는 미소처럼 단순한 것일 수도 있다. 하지만 더 중요한 의미에서, 자비란 자신에게 불편하더라도 다른 누군가를 돕기 위해 기꺼이 무언가를 **행하거나** 어떤 행동을 취하려는 태도를 말한다. 내가 어렵거나 혼란스러운 상황에 처해 있을 때 누군가가 기꺼이 자신의 소중한 시간을 할애해 나를 도울 때 그 사람은 자비를 베푸는 것이다. 자비는 의무를 초월한다―하지 않아도 되는 일을 하기로 선택하는 것을 뜻한다. 자비는 보상을 초월한다―그것은 보상이 없더라도 어떤 일을 하는 것을 의미한다. 사실상 진정한 자비를 베풀기 위해서는 대체로 무언가 대가를 치러야 하며 어떤 보상도 기대하지 않는다. 그저 자비를 위해서, 그리고 다른 사람을 위해서 자비를 베푸는 것이다. 그런 의미에서 자비는 그 자체가 보상이다.

성경에서 자비는 후히 베푸는 것과 연결되는 경우가 많다. 사실 바울이 사용하는 이 단어는 그런 의미를 갖는 때가 많다. 자비는 다른 사람의 유익을 위해 후히 베푸는 것을 의미할 때가 많다. 이것이 성경이 말하는 자비다.

우리는 다른 누군가가 우리가 필요한 무언가를 행했을 때 "고마워요. 당신은 매우 **친절하십니다**"라고 말하곤 한다. 그저 '당신이 한 일이 매우 **친절한 일**이었습니다'라고 말하지 않는다는 점에 주목하자. 물론 그렇게 말하는 것도 맞는 말이다. 하지만 친절한 행위는 본성과 성품에 따라 친절한 사람들이 행한 행동이다. 다시 말해서 자비는 그저 행동을 묘사하는 용어가 아니라 사람―그것이 그 사람의 성품이기에 습관적으로 다른 이들에게 복과 유익을 베푸는 방식으로 행동하는 사람―을 묘사하는 특징이다.

그리고 이 점은 곧바로 성경에 계시된 하나님의 속성과 연결된다. 성령의 열매의 다른 덕목들과 마찬가지로 우리는 자비를 구약의 하나님과 쉽게 연결하지 못할지도 모른다. 하지만 그것은 구약에서 찬양하는 매우 강력한 하나님의 속성 중하나다.

자비와 하나님의 속성

구약에서는 하나님의 자비를 자주 찬양한다. 히브리어에는 그 의미가 너무나도 풍성해서 다양한 방식으로 번역되는 아름다운 단어 '헤세드'(hesed)가 있다. 이 단어는 참된 사랑의 필수 요소인 신실함을 강조하면서 흔히 '사랑'으로 번역된다. 따라서 헤세드는 '신실한 사랑'으로 번역되기도 한다. 또한 이 단어는 '충성'을 뜻할 수도 있다. 한 사람이 또 다른 사람과의 관계 때문에 그 사람에 대한 강력한 헌신을 실천하는 것을 말한다. 하나님이 헤세드로 행하실 때 이는 그분이 약하거나 가난한 사람들을 향해 '자비'를 베푸신다는 것을 뜻하기도 한다. 따라서 이것은 구약에서 매우 자주 등장하는 또 다른 단어인 '긍휼'과 매우 가깝다.

(흠정역처럼) 더 오래된 번역본에서는 **헤세드**를 '인자하심'(loving-kindness)으로 번역하기도 한다. 나는 이 아름다운 옛 영어 복합어를 계속 사용했으면 한다. 그리고 **헤세드**는 그저 '자비'로 번역되는 경우도 많다. 다른 누군가를 위해서 무언가를, 행동으로 사려 깊은 사랑을 보여주는 무언가를 행한다는 적극적인 의미를 담고 있기 때문이다. 하나님이 '자비롭게'(헤세드로) 행하실 때, 이는 하나님이 우리의 필요에 세심한 주의를 기울이시고, 너그럽고 자비로운 사랑으로 행동하시며, 우리의 복과 유익을 위해 모든 것을 후히 공급하심으로써 그분의 언약적 약속을 신실하게 지키신다는 것을 뜻한다. 이것이 아름다운 단어다.

하나님의 **헤세드**에 관해 이야기하는 예를 수십 개는 제시할 수 있다. 하지만 가장 잘 알려진 것은 시편 23편의 마지막 절이다. "내 평생에 선하심과 인자하심(헤세드)이 반드시 나를 따르리니"(시 23:6).

다윗은 하나님이 양 떼를 보호하고 그들의 필요로 채우심으로써 그들을 자비롭게 대하시는 목자와 같으시다고 생각했다. 목자는 스스로 대가를 치러야 할 때도 양 떼를 돌보는 데에 **헌신하는** 사람이다. 하나님도 그분의 '양 떼,' 즉 그분의 백성에 대해 헌신적이시다. 왜냐하면 하나님 자신이 선하심과 인자하심의 본질이시기 때문이다.

헤세드는 각 행이 "그 인자하심이 영원함이로다"라는 구절로 마무리되는 시편 136편에서 가장 많이 반복되는 단어이기도 하다. 흠정역에서는 "그분의 자비가 영원히 지속되기 때문이다"라고 번역하며, NIV에서는 "그분의 사랑이 영원히 지속된다"라고 번역한다. 이 시편 전체가 하나님이 그분의 창조와 구속 사역에서 언제나 미쁘신 사랑으로 행동하셨다고 찬양한다. 그분의 구속 사역의 일부로서 그분께 반대하는 이들에 대한 심판을 내리실 때도 하나님은 자비를 베푸셨다.

> 여호와께서는 그 모든 행위에 의로우시며
> 그 모든 일에(즉 그분이 만드신 모든 것에 대해)
> 은혜로우시도다. _시 145:17

이스라엘은 하나님의 자비하심을 찬양했다. 그들의 역사는 그들이 자세히 이야기할 수 있는 '그분의 자비하심'을 보여주는 사례로 가득 차 있다.

> 내가 여호와께서 우리에게 베푸신 모든 자비와
> 그의 찬송을 말하며 그의 사랑을 따라,
> 그의 많은 자비를 따라 이스라엘 집에 베푸신
> 큰 은총을 말하리라. _사 63:7

따라서 바울이 루스드라 사람들에게 한 분이시며 살아계신 참 하나님이 어떤 분이신지를 가르치고자 했을 때 그는 하나님의 자비에 초점을 맞췄다. "여러분에게 하늘로부터 비를 내리시며 결실기를 주시는 선한 일을 하사 음식과 기쁨으로 여러분의 마음에 만족하게 하셨느니라"(행 14:17).

비록 바울은 성경에 관해 전혀 알지 못하는 사람들을 향해 말하고 있지만, 이것은 매우 구약적인 언어다. 하지만 바울이 그들에게 전하는 하나님, 그들이 예배하던 수많은 신들과 전혀 다르신 하나님은 그분의 행동으로—특히 피조물 안에 있는 것으로 인간에게 후히 베푸심으로써— 그분의 성품을 보여주시는 하나님이시다.

바울은 하나님의 인자하심이 모든 사람에게 '주어져 있음'을 잘 알고 있었지만, 동시에 타락한 죄인인 우리가 이를 너무나도 쉽게 거부하며 하나님의 길이 참으시는 인자하심이 우리를 회개와 구원으로 이끌기 위함이라는 것을 이해하지 못한다고 슬퍼했다. "혹 네가 하나님의 인자하심이 너를 인도하여 회개하게 하심을 알지 못하여 그의 인자하심과 용납하심과 길이 참으심이 풍성함을 멸시하느냐?"(롬 2:4).

그리고 물론 예상할 수 있듯이(성령의 이 열매와 동일한 단어를 사용하자면) 하나님의 자비의 최고의 본보기는 자신의 아들 예수를 내어주신 하나님의 선물이었다. "우리 구주 하나님의 자비와 사람 사랑하심이 나타날 때에 우리를 구원하시되 우리가 행한 바 의로운 행위로 말미암지 아니하고 오직 그의 긍휼하심을 따라 … 하셨나니"(딛 3:4~5).

하나님을 예배하는 이들의 속성으로서의 자비

하나님이 이런 분이시기에 그분을 알고 예배한다고 주장하는 이들은 똑같은 성품을 보여주어야 한다. 구약에는 탁월한 방식으로 자비를 베풂으로써 하나님의 자비를 보여준 몇몇 특별한 사례들이 있다. 세 가지를 살펴보고자 한다. 첫 번째 두 사례는 같은 책에 등장한다. 룻기를 펴서 살펴보자.

룻과 보아스

룻기는 이중적인 자비, 즉 나오미에 대한 룻의 자비와 룻과 나오미에 대한 보아스의 자비에 관한 아름다운 이야기다. 사실 (이스라엘의 하나님 야웨를 뜻하는) 주 하나님을 포함한다면 삼중적인 자비에 관한 이야기다. 나오미는 주께서 모압 사람 며느리에게 자비를 베푸시기를 기도하며(룻 1:8), 이야기가 전개됨에 따라 하나님이 그 기도에—적어도 룻을 위한 기도에(하나님이 오르바를 위해 무슨 일을 행하셨는지는 알 수 없다)— 응답하시기 때문이다.

무엇보다도 먼저 룻은 모압으로 돌아감으로써 나오미가 홀

룻기 1:8

나오미가 두 며느리에게 이르되 너희는 각기 너희 어머니의 집으로 돌아가라 너희가 죽은 자들과 나를 선대한 것 같이 여호와께서 너희를 선대하시기를 원하며

로 베들레헴으로 돌아가도록 내버려 두기를 거부함으로써 과부가 된 시어머니인 나오미에게 놀라우며 자기 희생적인 자비를 보여준다. 이스라엘의 하나님에 대한 충성과 헌신, 그분을 향한 회심을 표현하는 룻의 말은 성경에서 가장 뛰어난 연설 중 하나다.

> 룻이 이르되, "내게 어머니를 떠나며 어머니를 따르지 말고 돌아가라 강권하지 마옵소서. 어머니께서 가시는 곳에 나도 가고 어머니께서 머무시는 곳에서 나도 머물겠나이다. 어머니의 백성이 나의 백성이 되고 어머니의 하나님이 나의 하나님이 되시리니, 어머니께서 죽으시는 곳에서 나도 죽어 거기 묻힐 것이라. 만일 내가 죽는 일 외에 어머니를 떠나면 여호와께서 내게 벌을 내리시고 더 내리시기를 원하나이다" 하는지라. _룻 1:16~17

──────

룻기 2:11~13

보아스가 그에게 대답하여 이르되 네 남편이 죽은 후로 네가 시어머니에게 행한 모든 것과 네 부모와 고국을 떠나 전에 알지 못하던 백성에게로 온 일이 내게 분명히 알려졌느니라 여호와께서 네가 행한 일에 보답하시기를 원하며 이스라엘의 하나님 여호와께서 그의 날개 아래에 보호를 받으러 온 네게 온전한 상 주시기를 원하노라 하는지라 룻이 이르되 내 주여 내가 당신께 은혜 입기를 원하나이다 나는 당신의 하녀 중의 하나와도 같지 못하오나 당신이 이 하녀를 위로하시고 마음을 기쁘게 하는 말씀을 하셨나이다 하니라 나중에 보아스가 자신의 밭에서 이삭을 줍고 있던 룻을 만났을 때, 그는 남편과 시아버지가 죽은 후 그녀가 나오미를 위해 하고 있는 일에 대해 그녀를 칭찬한다. 그리고 룻은 그가 베푼 자비에 대해 큰 안도와 고마움을 표현한다(룻 2:11~13). 그날 저녁 룻이 나오미에게 무슨 일이 있었는지 이야기하자 나오미는 놀라워하며 이렇게 말한다.

> 나오미가 자기 며느리에게 이르되, "그가 여호와로부터 복 받기를 원하노라! 그가 살아 있는 자와 죽은 자에게 은혜[헤세드] 베풀기를 그치지 아니하도다" 하고, 나오미가 또 그에게 이르되, "그 사람은 우리와 가까우니 우리 기업을 무를 자 중의 하나이니라" 하니라. _룻 2:20

그다음 일화에서 (나오미의 지시에 따라) 룻은 한밤중에 자고 있는 보아스 곁에 눕는다. 그리고 (누구라도 그렇겠지만) 보아스가 깜짝 놀라서 깨고 룻이 그에게 자신과 결혼해 달라고 부탁할 때 우리는 다시 한번 **헤세드**라는 단어를 듣는다. 보아스가 룻의 당혹스러운 행동에 대해 그를 책망하면서 다른 사람들이 그가 거기 와 있다는 것을 알아차리기 전에 당장 일어나 집으로 돌아가라고 말하리라 생각할지도 모른다. 하지만 그러지 않았다. 오히려 그는 그녀를 **축복한다!**

그가 이르되, "내 딸아 여호와께서 네게 복 주시기를 원하노

라. 네가 가난하건 부하건 젊은 자를 따르지 아니하였으니 네
가 베푼 인애[헤세드]가 처음보다 나중이 더하도다. 그리고
이제 내 딸아 두려워하지 말라. 내가 네 말대로 네게 다 행하
리라."_룻 3:10~11

보아스는 어떤 '인애'에 관해 말했던 것일까? 어떤 의미에
서 룻이 보아스에게 '인애'를 베푸는 행동을 한 것일까? 그녀
가 자기 나이 또래의 젊은 남자와 결혼할 수 있지만, 그에게
자신과 결혼해 달라고 부탁하기로 작정했다는 것도 사실이
다. 하지만 그보다는 '기업을 무를 자'로서 자신과 결혼해 달
라고 부탁함으로써 그녀가 나오미와 자신의 죽은 남편 엘리
멜렉에게 '인애'를 베풀고 있다는 것을 보아스는 깨달았다고
보아야 한다. 왜냐하면 만약 그녀가 보아스의 사이에서 아들
을 갖게 된다면 그 아들은 엘리멜렉의 성(姓)과 재산을 물려받
게 될 것이기 때문이다. 또한 바로 그런 이유 때문에 보아스가
기꺼이 그녀를 자신의 아내로 맞이한 것은 칭찬을 받을 만한
매우 의롭고 자비로운 행동으로 간주되었다(룻 4:11~12). 따라

룻 4:11~12

성문에 있는 모든 백성과 장로들이 이르되 우리가 증인이 되나니 여호와께서
네 집에 들어가는 여인으로 이스라엘의 집을 세운 라헬과 레아 두 사람과 같게
하시고 네가 에브랏에서 유력하고 베들레헴에서 유명하게 하시기를 원하며 여
호와께서 이 젊은 여자로 말미암아 네게 상속자를 주사 네 집이 다말이 유다에
게 낳아준 베레스의 집과 같게 하시기를 원하노라 하니라

서 보아스에게 자신과 결혼해 달라고 부탁한 룻의 행동은 엘리멜렉과 나오미의 가문에 대해 자비를 베푼 행동이었으며, (약간 미룬 다음에) 그렇게 하기로 동의한 보아스의 행동 역시 그들 모두에게 자비를 베푼 행동이었다.

따라서 룻기 전체가 **헤세드**의 이야기다. 즉 처음부터 끝까지 행동으로 실천하는 자비에 관한 이야기다. 보아스와 룻은 하나님의 자비를 본으로 보여준다. 하나님은 그렇게 행동하시며, 보아스처럼 이스라엘 백성으로 태어났든지, 룻처럼 회심한 이방인이든지 그분의 종들은 그렇게 행동해야 한다. 두 사람 모두 그들 자신의 문화에서 정상적이라고 생각하거나 기대되는 바를 초월했다. 두 사람 모두 큰 위험을 감수했다. 그리고 그들은 큰 곤경에 처한 누군가에게 자비를 베풀기 위해 그렇게 했다. 정확히 하나님처럼 말이다.

다윗

다윗과 사울 왕의 아들 요나단 사이의 우정은 전설적이다. 두 사람 모두 사울이 기회만 잡으면 다윗을 살해하기로 작정했음을 알고 있었다. 그뿐만 아니라 다윗이 결국 사울을 대신할 왕으로 기름 부음을 받았음을 알고 있었다. 이는 사울의 아들로서 다음 왕이 될 것이라고 예상했을(그리고 그러기를 원했을) 수도 있는 요나단에게 큰 위협이었을 것이다. 따라서 요나단은 다윗에게 자신과 자신의 가문에 대해—무슨 일이 일어나더라도— 평생 충성을 맹세할 것을 요구했다. 요나단은 다윗에게 하나님을 본받아서 그렇게 하라고 분명히 요구했다.

> "너는 내가 사는 날 동안에 여호와의 인자하심을 내게 베풀어서 나를 죽지 않게 할 뿐 아니라 여호와께서 너 다윗의 대적들을 지면에서 다 끊어 버리신 때에도 너는 네 인자함을 내 집에서 영원히 끊어 버리지 말라" 하고, 이에 요나단이 다윗의 집과 언약하기를 "여호와께서는 다윗의 대적들을 치실지어다" 하니라. 다윗에 대한 요나단의 사랑이 그를 다시 맹세하게 하였으니 이는 자기 생명을 사랑함 같이 그를 사랑함이었더라.
>
> _삼상 20:14~17

나중에 사울과 요나단이 블레셋과의 전투에서 죽고 다윗이 이스라엘 모든 지파의 왕이 되었을 때, 다윗은 요나단과 맺은 그 약속과 그 약속을 맺을 때 사용했던 말을 기억했다.

> 다윗이 이르되, "사울의 집에 아직도 남은 사람이 있느냐? 내가 요나단으로 말미암아 그 사람에게 은총[헤세드]을 베풀리라" 하니라.
> 사울의 집에는 종 한 사람이 있으니 그의 이름은 시바라. 그를 다윗의 앞으로 부르매 왕이 그에게 말하되, "네가 시바냐" 하니 이르되, "당신의 종이니이다" 하니라.
> 왕이 이르되, "사울의 집에 아직도 남은 사람이 없느냐? 내가 그 사람에게 **하나님의 은총**을 베풀고자 하노라" 하니,

시바가 왕께 아뢰되, "요나단의 아들 하나가 있는데 다리 저는 자니이다" 하니라.

왕이 그에게 말하되, "그가 어디 있느냐?" 하니,

시바가 왕께 아뢰되, "로드발 암미엘의 아들 마길의 집에 있나이다" 하니라.

다윗 왕이 사람을 보내어 로드발 암미엘의 아들 마길의 집에서 그를 데려오니, 사울의 손자 요나단의 아들 므비보셋이 다윗에게 나아와 그 앞에 엎드려 절하매 다윗이 이르되, "므비보셋이여" 하니 그가 이르기를 "보소서. 당신의 종이니이다." 다윗이 그에게 이르되, "무서워하지 말라. 내가 반드시 네 아버지 요나단으로 말미암아 네게 은총을 베풀리라. 내가 네 할아버지 사울의 모든 밭을 다 네게 도로 주겠고 또 너는 항상 내 상에서 떡을 먹을지니라" 하니. _삼하 9:1~7

이렇게 구약에서는 헤세드(자비)가 이스라엘의 하나님의 성품이며, 따라서 그분의 백성의 성품이기도 해야 한다고 가르쳤다. 신실한 사랑과 자비는 하나님이 이 땅에서 실현되기를 보기 원하시는 것이다. 몇몇 예언자들이 분명히 말했듯이 하나님은 이를 기뻐하신다.

여호와께서 이와 같이 말씀하시되,
"지혜로운 자는 그의 지혜를 자랑하지 말라.
용사는 그의 용맹을 자랑하지 말라.

부자는 그의 부함을 자랑하지 말라.

자랑하는 자는 이것으로 자랑할지니,

곧 명철하여 나를 아는 것과

나 여호와는 사랑[헤세드]과 정의와 공의를

땅에 행하는 자인 줄 깨닫는 것이라.

나는 이 일을 기뻐하노라." 여호와의 말씀이니라.

_렘 9:23~24

사람아, 주께서 선한 것이 무엇임을 네게 보이셨나니

여호와께서 네게 구하시는 것은

오직 정의를 행하며 인자[헤세드]를 사랑하며

겸손하게 네 하나님과 함께 행하는 것이 아니냐? _미 6:8

만군의 여호와가 이같이 말하여 이르시기를,

"너희는 진실한 재판을 행하며 서로 인애[헤세드]와 긍휼을

베풀며." _슥 7:9

지혜 문학에서는 이것을 단순히 명령으로 보는 것에서 더 나아간다. 우리가 자비로운 행동을 행할 때 하나님을 본받을 뿐만 아니라 실제로 하나님께 그런 행동을 하는 것이라고 지적한다. 헤세드라는 단어가 아래 인용한 모든 본문에 등장하지 않지만(매우 비슷한 긍휼이라는 단어가 사용되기도 했다), 다른 사람들, 특히 가난한 이들에게 너그럽게 자비를 베푼다는 의

미는 명확하다.

> 인자한 자는 자기의 영혼을 이롭게 하고,
> 잔인한 자는 자기의 몸을 해롭게 하느니라. _잠 11:17

> 이웃을 업신여기는 자는 죄를 범하는 자요,
> 빈곤한 자를 불쌍히 여기는 자는 복이 있는 자니라. _잠 14:21

> 가난한 사람을 학대하는 자는 그를 지으신 이를 멸시하는 자
> 요, 궁핍한 사람을 불쌍히 여기는 자는 주를 공경하는 자니라.
> _잠 14:31

> 가난한 자를 불쌍히 여기는 것은 여호와께 꾸어 드리는 것이
> 니 그의 선행을 그에게 갚아 주시리라. _잠 19:17

자비와 예수의 본보기

자비가 본질적으로 다른 이들의 필요를 자신의 필요
보다 더 우선시할 정도로 그들을 사랑하는 것이라면, 예수께
서는 성육신하신 자비—두 발로 걸어 다닌 자비—이셨다.
나의 친구 중에 예수의 삶에 관한 책을 쓰고 그 책을 '방해
의 신학'이라고 부르고 싶다고 말하는 사람이 있다. 복음서에

서 예수께서 말하거나 행하시는 것 중 다수는 그분이 실제로 다른 무언가를 하고 계시거나 여행 중이시거나 어딘가를 방문하시거나 식사하실 때 누군가 그분을 방해했기에 일어난 일이기 때문이라는 것이다. 하지만 예수께서 이렇게 방해하는 사람들에게 짜증을 내거나 그들을 물리치지 않으시고 자비와 따뜻함으로 그들을 대하셨다. 그리고 많은 경우 그분은 사회가 전형적으로 거부하고 기피하는 사람들을 존중하셨고 그들에게 자비를 베푸셨다.

긴박한 의료적 응급 상황 때문에 서둘러 가고 계시던 그분을 방해했던 혈루증에 걸린 여인을 생각해 보라. 제자들이 사적으로 가르침을 받고 싶어할 때 아이들을 데리고 왔던 부모들을 생각해 보라. 예수께서 멈춰 서실 때까지 군중 속에서 계속 소리를 질렀던 맹인 바디매오를 생각해 보라. 예수께 거절당할 것을 두려워하지 않았던 수로보니게 여인을 생각해 보라. 식사 중에 그분의 발에 기름을 부어 주인을 부끄럽게 만들었던 여인을 생각해 보라. 그분은 십자가 위에서 그 끔찍한 고통을 당하시면서도 자신의 어머니가 겪을 곤란을 걱정하셨다. 그리고 부활하신 후에 그분은 밤새도록 바다에서 일하고 돌아온 허기진 어부들에게 좋은 아침 식사가 필요할 것임을 아셨다.

그리고 예수께서 이 모든 자비의 본을 보여주신 것은, 그분이 그저 '매우 친절하신 분'이거나 언제나 배경에서 온화하게 미소를 짓는 그런 분이셨기 때문이 아니다. 예수께서는 종교

지도자들과 위선자들에 대해 매우 강한 말과 행동을 보여주기도 하셨다. 그러나 가난한 사람들, 아픈 사람들, 소외된 사람들(다른 모든 사람이 무시하는 사람들), 예수께서는 그런 사람들에게 놀라운 자비를 베푸셨고 귀중한 시간을 들여 그들의 필요에 주의를 기울이셨다. 예수께서는 그런 자비를 베풀기 위해 장벽을 넘으셨으며 사회적 금기를 무너뜨리셨다. 그분은 고상한 사회가 경멸하는 이들과 함께 먹고 마시셨다.

예수의 제자가 된다는 것이 그분의 본보기를 따라야 함을 뜻한다면 왜 우리는 매일의 삶에서 다른 이들에게 자비를 베푸는 것에 그토록 자주 **실패**하는 것일까? 나는 나 자신이 대체로 자비로운 사람이라고 생각하고 싶지만, 또한 다른 사람에게 자비를 베풀 **수 있지만** 그렇게 하지 않는 경우가 많다. 너무 많다. 왜 그런 것일까? 나 자신의 물음에 대해 나는 답할 수 있고, 어쩌면 여러분의 답은 다를지도 모른다. 하지만 답하기 어려운 물음인 것은 분명하다.

많은 경우 그 이유는 내가 너무 바쁘고 방해받기를 원하지 않기 때문이다. 나에게는 해야 할 일과 만나야 할 사람과 마무리해야 할 업무가 있다. 나는 여기저기 돌아다니고 어딘가로 가야 하고 해야 할 일과 스케줄이 있으며 시간은 소중하다. 따라서 잠시 멈춰 노숙하는 걸인에게 말을 건네거나 길을 잃은 것처럼 보이는 외지인에게 다가가 도움을 줄 수 있는 순간을 나는 지나쳐 보내고 만다. 나는 누구에게도 피해를 주지 않았다. 하지만 나는 자비를 베풀 **수 있었음에도** 베풀지 않은 것이다. 다른 누군가에게 자비를 베풀기 위해 내 삶이 방해를 받는 것을 허용하지 않으려고 한 것이다. 전혀 예수를 닮지 않은 모습이다.

때로는 자기방어가 그 이유다. 여행할 때 나는 거의 필수적으로 '비행 모드'로 들어가는 것 같다. '귀찮게 하지 마세요. 나는 해야 할 일이 있습니다.' 요즘에는 여행하려면 너무나도 불편하고 번거로운 일이 많아서, 자기중심적인 태도를 취하며 나 자신의 즉각적인 필요와 절박한 문제에만 몰두하는 경우가 너무나도 많다. 그럴 때 나는 (그리스도께서 내 안에 사시기 때문에) 스스로 주위의 다른 사람을—낯선 사람일지라도, 그리고 내가 피곤하고 스트레스를 받고 있더라도— 어떻게 대해야 하는지를 상기시킨다. 스트레스를 받는 상황에서 자비를 실천하는 어려운 과제를 회피하지 말고 직면해야 한다. 그리고 나는 이 과제의 실천에 너무나도 자주 실패한다는 것을 잘 알고 있다.

삶의 습관으로서의 자비

우리는 자비가 성령의 열매의 일부인 까닭은 그것이 우리의 자연스러운 태도가 **아니기** 때문임을 기억해야 한다(물론 어떤 사람은 천성적으로 다른 사람들보다 더 자비로운 것처럼 보이기도 한다). 그러나 바울이 말하는 자비는 그것이 하나님의 성령으로 충만한 것으로부터 기인한다는 의미에서 '자연적'

이지 않고 '영적'이다.

그런 자비는 **열매**이지만(그것은 우리 안에 계신 성령의 생명 때문에 자란다) 또한 동시에 **길러야** 한다. 그것은 우리의 **성품**을 이루는 **습관**이 되어야 한다.

무언가가 습관이 되었음을 어떻게 알 수 있을까? 자비로운 것을 말하고 행하는 것이 그렇게 하지 않는 것보다 더 자연스러워질 때 자비가 습관이 되었다고 말할 수 있다. 다른 누군가를 돕겠다고 말하기 전에 멈춰서 생각하고 그렇게 하지 말아야 할 수많은 이유를 점검해보지 않아도 된다면 자비는 이미 습관이 되었다. 어떤 이유에서건 우리가 자비를 행하거나 말하는 데 **실패할** 때, 혹은 (더 나쁘게는) 너무 불친절한 일이라는 것을 알면서도 그렇게 행동하게 될 때 우리가 정말로 비참하고 자책하는 마음이 든다면, 우리는 자비가 습관이 되었음을 알 수 있다. 그런 순간에 우리는 자신에게 이렇게 물어야 한다. '그리스도인으로서 내가 어떻게 그토록 불친절했을까? 어떻게 하면 내가 자비를 행할 수 있을까?' 그런 다음 물론 다시 주께 용서와 은총을 구해야 한다. 우리 모두가 실패하기 마련이다. 하지만 성령의 열매인 자비가 우리 안에서 자라기 시작한다면 우리는 그런 실패를 훨씬 더 고통스럽게 자각하게 되며, 다음 번에는 더 잘할 수 있게 해달라고 은총을 구하고 싶어할 것이다.

그러므로 날마다 우리가 밖으로 나가 여행을 하고 일을 하고 계속해서 다른 사람들을 만날 때 자비를 베풀 수 있는 기회를 달라고 하나님께 구할 수 있다.

- 오늘 나는 누구에게—집이나 가게나 직장에서, 대중교통을 이용하면서— 고마움을 표할 수 있을까?
- 나는 어디에서, 예를 들어 거리를 청소하는 사람들에게 미소나 고마움의 말을 전할 수 있을까?
- 도움이 필요한 누군가를 만나면 나는 어떻게 해야 할까? 먼저 도우려고 할 준비가 되어 있나? 돈이나 음식을 기꺼이 줄 준비가 되어 있을까?
- 나는 누구에게 '주의 자비'를 베풀 수 있을까?

우리가 이렇게 할 수 있도록 도와줄 수 있는 말씀이 있다. 사실 내가 생각하기에 이것은 개인의 행동에 관해 가장 어려운 말씀이다. 나는 존 스토트(John Stott)의 설교로 이 구절들에 관해 들었고, 그의 말이 뇌리에 그대로 남아있다.

골로새서 3장에서 바울이 **"무슨 일을 하든지 …"**(이 말은 그저 '당신이 하는 모든 일'에 라는 뜻이다!)라는 구절로 시작하는 곳이 두 군데 있다.

- "무엇을 하든지 말에나 일에나 다 **주 예수의 이름으로** 하고"(골 3:17). "예수의 이름으로" 무언가를 한다는 것은 그분이 여기 계시면 하셨을 만한 일을 내가 한다는 것을 뜻한다. 마치 그리스도께서 친히 내 안에서, 나를 통해 행동하시는 것처럼

내가 행동한다는 것을 뜻한다. 따라서 이 놀라운 본문은 우리 마음속에 이런 질문을 제기한다.

내가 만약 그리스도라면 나는 저 사람을 위해 무엇을 할까? 예수께서는 이 상황에서 어떻게 하실까? 그러므로 "예수의 이름으로" 행동해야 한다면 나는 무엇을 해야 할까?

◆ "무슨 일을 하든지 … **주께 하듯 하고**"(골 2:23).

이 말씀은, **마치 다른 사람이 그리스도인 것**처럼 내가 행동해야 한다는 뜻이다. 내가 그 사람에게 혹은 그 사람을 위해 하는 일은 그리스도께 혹은 그리스도를 위해 하는 것이다. 이때 바울은 다수가 그리스도인이 아닌 주인들을 위해서 일하고 있던 그리스도인 노예들에게 편지를 쓰고 있었다. 하지만 바울은 노예들조차도 주인을 위해 열심히, 정직하게 일함으로써 **그리스도를 섬길** 수 있다고 분명히 말한다. 따라서 이 말씀은 우리 마음속에 또 하나의 놀라운 동시에 균형을 유지하게 하는 질문을 던진다.

만약 그 사람이 그리스도라면 나는 그를 위해 무엇을 할까? 그 사람이 내 앞에 있는 그리스도라면 나는 지금 어떻게 행동할까?

우리는 날마다 이 두 질문을 염두에 두고 살아야 한다.

- 내가 그리스도라면 저 사람을 위해 무엇을 할까?
- 저 사람이 그리스도라면 내가 그를 위해 무엇을 할까?

그렇다면 우리가 다른 사람을 대하는 방식이 달라지지 않겠는가? 우리가 자신에게 이런 질문을 던지고 그 답을 삶으로 실천한다면 우리는 다른 이들에게 어느 정도까지 자비를 베풀겠는가? 지금 이 글을 쓰면서 바울의 가르침을 다시 떠올리니 다시금 나의 죄를 깨닫게 된다. 우리 중 그 누구도 이 기준에 부합하게 살지 못하고 있다. 그렇지 않은가? 하지만 이것이 우리가 지향하는 목표가 되어야 하지 않겠는가?

공산 정권하에서 투옥되고 고문을 받았던 루마니아의 목회자 리처드 범브란트(Richard Wurmbrand)는 고문을 받은 후 다른 사람들이 있는 교도소 방으로 돌아왔던 때에 관해 이야기한다. 날씨는 얼음이 꽁꽁 얼 정도로 추웠고, 그는 온기를 위해 하나밖에 없는 담요를 꼭 껴안고 있었다. 자신의 담요를 더 꼭 끌어안다가 '저 사람이 그리스도라면 그에게 나의 담요를 주겠는가?'라는 생각이 문득 머릿속에 떠올랐다. 답은 자명했다. 그는 그 남자에게 자신의 담요를 건네주었다(나중에 석방된 후 그는 이 물음을 제목으로 책을 썼다).

이처럼 자기를 부인하며 베푸는 자비는 그리스도를 닮은 모습이 무엇인지를 말해줄 뿐만 아니라 다른 사람들에게도 대단히 매력적이다. 왜냐하면 그것이 우리 안에 거하시며 그분의 영을 통해 우리 삶 속에서 열매를 맺으시는 그리스도를 증언하기 때문이다.

더바디샵(Body Shop)의 창업자인 어니타 로딕(Anita Roddick) 여사는 이렇게 말했다. "자비의 최종적인 결과는 그것이 사람들을 당신께로 이끈다는 것입니다."

맞는 말인지도 모른다. 하지만 나는 더 큰 확신을 가지고, 더 나은 이유 때문에, "자비의 **최종적인 결과는 그것이 사람들을 그리스도께로 이끈다는 것이다**"라고 말할 수 있다고 생각한다.

한 번 더 생각해 보기

❶ 우리 삶 속에서 어떻게 주의 자비를 경험했는지 생각해 보라. 그것은 우리가 다른 사람들에게 친절을 베푸는 데 어떤 영향을 미치고 있는가?

❷ 우리 문화에서 자비를 실천한다는 것은 어떤 모습일까? 성령의 열매인 자비와 그저 평범하게 '다정한' 태도를 취하는 것 사이에 어떤 차이가 있을까?

❸ 사람들이 서로 자비를 베풀도록 권면하고 싶다면 어떤 성경 구절을 선택하겠는가?

양선

06

Goodness

양선 *Goodness*

바울은 자비와 양선을 하나로 묶는다. 물론 둘 사이에는 공통점이 많다. 성경에서는 후히 베풂을 자비나 양선과 연결하는 경우가 많다. 예수께서는 사람들을 고용해 자신의 포도원에서 일하게 한 포도원 주인에 관한 이야기를 하셨다. 어떤 이들은 하루 종일 일했고 하루치 임금을 받았다. 어떤 이들은 마지막 한두 시간만 일했지만, 주인은 그들에게도 하루치 임금을 주었다. 먼저 와서 일한 노동자들은 공평하지 않다고 불평했지만, 포도원 주인은 "내가 **후히 베풀기로** 작정했다고 네가 시기하느냐?"라고 말했다. 여기서 예수께서 사용하신 단어는 바울이 사용하는 것—양선—과 같은 단어다. 예수께서는 선한 사람들은 무엇이 엄격하게 **공평**한가에 대해서만 걱정하지 않고, 공평하지 않더라도 후히 베풀고 자비를 행하기를 좋아한다고 말씀하신다. 그날의 일이 끝나갈 즈음에야 고용된 것은 그들의 잘못이 아니었다. 그리고 그들에게는 가족들이 먹을 음식을 사기 위해 하루치의 임금이 필요했다. 따라서 주인은 모든 노동자를 대할 때 엄격하게 **공평**한 태도를 취해 다른 이들이 받는 임금의 일부만 지불하기보다는 그들의 필요에 대해 **선**을 베풀기로(후히 베풀기로) 작정했다.

따라서 '좋은'이라는 단어를 직책이나 기능(예를 들어, 좋은 부모나 좋은 교사, 좋은 경찰관, 좋은 의사)과 연결할 때 이는 그 사람이 많은 일을 '잘한다'(능력)는 뜻일 뿐만 아니라 그들의 역할이 요구하는 바의 엄격한 한계를 넘어서서 흔히 말하듯이 '선한 마음으로' 은혜롭게 후히 베푸는 법을 알고 있음을 뜻한다.

그런데 '선한' 마음이란 무엇일까? 누군가에 관해 우리가 '그는 정말 좋은 남자다' 혹은 '그는 정말 좋은 여자다'라고 말할 때 그 사람이 어떤 특징이 있다고 말하는 것일까? 나는 정직, 즉 간사함이나 속임수가 없는 태도가 핵심 요소라고 생각한다. 참으로 선한 사람은 위지위그[WYSIWYG, 보는 대로 얻는다(What You See Is What You Get)]다. 보이는 그대로인 사람이다. 겉으로 드러난 그들의 말과 행동이 그들 안에서 일어나는 일과 일치한다. 거짓도 가장도 없다. 선을 행할 때 명성을 얻거나 좋은 사진을 찍을 기회를 얻기 위해 그저 연기하는 것이 아니다. 좋은 사람은 그저 그것이 옳은 일이기에 그것을 한다. 양선은 '마음이 정결하다'라는 말의 의미와 가깝다. 양선의 특징은 투명함이다. 간단히 말해서 우리는 좋은 사람이 그들이 말하는 바대로 살아가고 행동할 것이라고(그들은 약속을 지킨다)—(단지 그것이 옳은 일이기에) 옳은 일을 행할 것으로— 신뢰할 수 있다.

이전과 마찬가지로 양선은 성령의 열매의 일부이기에 우리는 모든 선의 근원이신 하나님을 먼저 살펴보고자 한다.

하나님은 선하시다

아프리카의 그리스도인들은 함께 모여 예배할 때, 때로는 만나서 서로 격식을 차리지 않고 인사할 때 이런 말을 주고받곤 한다.

"하나님은 선하십니다."
"언제나!"
"언제나,"
"하나님은 선하십니다!"

성경에서도 이 근본적인 진리를 자주 강조한다. 시편 곳곳에서 이 진리를 말한다. "여호와께 감사하라. 그는 선하시며 그 인자하심이 영원함이로다"(시 136:1). "주는 선하사 선을 행하시오니 주의 율례들로 나를 가르치소서"(시 119:68). 모세가 하나님께 그분의 영광을 보여달라고 간구했을 때, 하나님은 "내가 내 모든 선한 것을 네 앞으로 지나가게 하고 여호와의 이름을 네 앞에 선포하리라"라고 대답하셨다(출 33:19). 모세에게 얼마나 경이로운 경험이었겠는가! 그 후에 그의 얼굴에서 빛이 난 것도 전혀 놀라운 일이 아니었다(출 34:5~7, 29~35). 따라서 모세는 하나님의 선하심을 묘사하는 노래를 지었다.

그는 반석이시니 그가 하신 일이 완전하고

그의 모든 길이 정의롭고
진실하고 거짓이 없으신 하나님이시니
공의로우시고 바르시도다. _신 32:4

따라서 지금까지 우리가 했던 모든 말이 곧 하나님이 선하시다는 말의 의미다. 하나님은 너그러우시며 신실하시고 어떤 속임수나 비뚤어짐도 없으시며 언제나 그러하시다. 그분

출애굽기 34:5~7

여호와께서 구름 가운데에 강림하사 그와 함께 거기 서서 여호와의 이름을 선포하실새 여호와께서 그의 앞으로 지나시며 선포하시되 여호와라 여호와라 자비롭고 은혜롭고 노하기를 더디하고 인자와 진실이 많은 하나님이라 인자를 천대까지 베풀며 악과 과실과 죄를 용서하리라 그러나 벌을 면제하지는 아니하고 아버지의 악행을 자손 삼사 대까지 보응하리라

출애굽기 34:29~35

모세가 그 증거의 두 판을 모세의 손에 들고 시내 산에서 내려오니 그 산에서 내려올 때에 모세는 자기가 여호와와 말하였음으로 말미암아 얼굴 피부에 광채가 나나 깨닫지 못하였더라 아론과 온 이스라엘 자손이 모세를 볼 때에 모세의 얼굴 피부에 광채가 남을 보고 그에게 가까이 하기를 두려워하더니 모세가 그들을 부르매 아론과 회중의 모든 어른이 모세에게로 오고 모세가 그들과 말하니 그 후에야 온 이스라엘 자손이 가까이 오는지라 모세가 여호와께서 시내 산에서 자기에게 이르신 말씀을 다 그들에게 명령하고 모세가 그들에게 말하기를 마치고 수건으로 자기 얼굴을 가렸더라 그러나 모세가 여호와 앞에 들어가서 함께 말할 때에는 나오기까지 수건을 벗고 있다가 나와서는 그 명령하신 일을 이스라엘 자손에게 전하며 이스라엘 자손이 모세의 얼굴의 광채를 보므로 모세가 여호와께 말하러 들어가기까지 다시 수건으로 자기 얼굴을 가렸더라

은 성품과 모든 행동에 있어서 속속들이 견고한 반석과 같으시다. 하나님의 선하심은 성경의 자명한 공리다. 이는 수학의 공리처럼, 다른 모든 추론과 계산의 근거가 되는 확증된 진리라는 뜻이다. 상황이 어떠하든지 혹은 어떠해 보이든지, 하나님은 선하시며 선을 행하신다.

나쁜 일이 일어날 때도—요셉이 형들에게 말했듯이— 하나님은 그 악을 뒤엎어 선한 결과를 만들어내실 수 있으시다. "당신들은 나를 해하려 하였으나[히브리어로는, 당신들은 악한 의도로 그 일을 했지만] 하나님은 그것을 선으로 바꾸사 오늘과 같이 많은 백성의 생명을 구원하게 하시려 하셨나니"(창 50:20).

사람들이 행하는 나쁜 일들이 더 이상 악하지 않다는 뜻이 아니다. 하나님이 악 자체를 선으로 만드신다는 뜻이 아니다. 그렇다면 이는 완전한 모순이다. '결국에는 다 괜찮아질 것이므로' 선과 악 사이에 본질적으로 아무런 차이가 없다는 뜻이 아니다. 이런 식의 생각은 선과 악 사이의 근본적이며 성경적인 구별을 해체시킨다. 아니다. 요셉은 형들이 저지른 악에 대해 변명하거나 이를 최소화하거나 부인하려고 하지 않았다. 형제를 노예로 팔아넘긴 것은 지독하게 사악한 행동이었다. 그리고 이런 행동을 할 때 그들은 악한 의도를 품고 있었다. 하지만 요셉의 말은, (선하신 하나님이 다스리시므로) 하나님의 선하심이 주권적이며, 하나님은 사람들이 의도하고 저지르는 악으로부터 선한 결과를 만들어내실 능력이 있다는 뜻이다. 하나님의 선하심이 악을 선으로 극복한다. 하나님이 다스리시며, 하나님은 선하시다.

양선의 본보기

하나님이 전적으로 선하시다면 하나님 가까이에서 사는 사람들이 그분의 성품을 반영하고 그분과 동일한 특징을 보인다는 것은 놀랍지 않다. 다니엘은 양선을 실천한 좋은 본보기다.

다니엘은 정치 관료로서 바빌로니아 정부를 위해 일했으며, 그의 생애 마지막에는 페르시아의 정부를 위해 일했다. 그는 매일의 삶과 직무에 있어서 '탁월한 열심'(이것이 '마음이 민첩하여'로 번역된 히브리어의 원래 뜻이다)이 있었다. 그의 적들이 "아무 근거, 아무 허물도 찾지 못하였으니 이는 그가 충성되어 아무 그릇됨도 없고 아무 허물도 없음이었더라"(단 6:3~4).

이는 주목할 만한 묘사다. 다니엘은 직장에서 믿을 수 있는 사람이었다(그리고 이것은 '기독교적 사역'이 아니라 정부를 위해 봉사하는 일상적이며 세속적인 일이었다). 그의 상사는 그를 신뢰할 수 있었으며, 그의 부하 직원들도 그를 신뢰할 수 있었다. 그의 양선과 정직은 모두에게 자명했다.

하지만 그처럼 직장에서 선하고 정직한 사람들은 부패하고 자신의 일을 활용해 부자가 되거나 권력을 취하기 원하는 이들에게 인기가 없다. 다니엘은 정부에서 일하는 다른 이들의 야심을 방해하는 장애물이었으며, 따라서 그들은 그를 미워하고 그에 대한 음모를 꾸몄던 것 같다. 다니엘 6장에서 그들은 그를 곤경에 빠뜨릴 계략을 꾸민다. 그들은 직장에서 그의 도덕적인 행위에 관해 아무런 약점도 찾지 못하자 예배와 기도라는 개인적인 삶에서의 그의 강점을 활용하기로 작정했다. 그들은 왕으로 하여금 한 달 동안 그 누구도 왕을 제외한 다른 어떤 신에게도 기도할 수 없다는 칙령을 발표하게 했다 (말도 안 되는 생각이었지만, 왕은 허영심 때문에 그들의 계략에 말려들고 말았다).

따라서 칙령이 발표되었을 때 다니엘은 습관대로 매일 이스라엘의 하나님께 기도할 것인지, 왕―거짓 신이라기보다는 아예 신이 아닌!―에게 기도할 것인지 결정해야 했다. 그는 하나님이 보시기에 옳은 일을 하겠다고 작정했고 계속해서 매일 기도했다. 그는 직업을 잃고 어쩌면 목숨까지도 잃어버릴 수 있는 위험을 무릅쓰고 옳은 일을 했다. 다니엘 6장에서 다니엘은 이미 노인이었지만, 1장에서 묘사하듯이 그와 그의 친구들은 위험하더라도 옳은 일을 하는 습관을 어렸을 때부터 길러왔다. 이 일로 인해 그는 사자굴에 던져졌고, 그곳에서 그가 기도의 대상으로 삼았던 하나님이 그의 목숨을 구해주셨다 (덕분에 왕은 크게 안도했다).

이것이 성경이 말하는 양선의 또 다른 강력한 요소―대가를 치르거나 상처를 받게 되더라도 옳은 일을 하겠다는 결심―인 것처럼 보인다. '선한' 사람들은 어려운 상황에서 벗어나기 위해 쉬운 길로 가겠다는 유혹을 이겨내는 사람들이다. 옳은 일을 하는 것이 어렵거나 위험할 때도 그들은 어쨌든 옳은 일을 한다. 그들은 결과가 어떠하든지 자신이 옳다고 알고 있는 바를 끝까지 행한다. 그래서 선한 사람들은 대개 용기 있는 사람들이기도 하며, 때로는 정직을 위해 값비싼 대가를 치르기도 한다.

  구약에서 양선과 매우 가까운 또 다른 단어는 의다. 의로운 사람은 하나님의 길 안에서 살고자 노력하며 하나님이 보시기에 옳은 일을 행함으로써—하나님의 호의를 얻기 위한 노력으로서가 아니라 하나님이 주신 복에 대한 감사의 응답으로서— 하나님의 사랑과 은총, 구원에 응답하는 사람이다. 구약에는 의로운 사람을 묘사하는 여러 구절이 있다. 시편 15편은 의로운 사람을 가장 분명히 묘사한 본문 중 하나다.

> 여호와여, 주의 장막에 머무를 자 누구오며
> 주의 성산에 사는 자 누구오니이까?
> 정직하게 행하며
> 공의를 실천하며
> 그의 마음에 진실을 말하며
> 그의 혀로 남을 허물하지 아니하고
> 그의 이웃에게 악을 행하지 아니하며
> 그의 이웃을 비방하지 아니하며
> 그의 눈은 망령된 자를 멸시하며
> 여호와를 두려워하는 자들을 존대하며

그의 마음에 서원한 것은 해로울지라도 변하지 아니하며

이자를 받으려고 돈을 꾸어 주지 아니하며

뇌물을 받고 무죄한 자를 해하지 아니하는 자이니

이런 일을 행하는 자는

영원히 흔들리지 아니하리이다. _시 15:1~5

해로울 때에라도 약속을 지킨다는 구절에 주목하라. 그것이 성경이 말하는 양선의 특징이다. 선한 사람은 약속을 지키지 않거나 진실을 말하지 않거나 정직한 일을 행하지 않기 위한 핑계를 찾으려는 유혹을 이겨낸다. 거의 언제나 선택 가능한 대안이 존재한다. 하지만 그것이 어려울지라도 선한 선택이 옳은 선택이다.

예수께서는 "두루 다니시며 선을 행하셨다"

베드로는 고넬료와 그의 가족에게 예수를 이렇게 묘사했다(행 10:38 하나님이 나사렛 예수에게 성령과 능력을 기름 붓듯 하셨으매 그가 두루 다니시며 선한 일을 행하시고 마귀에게 눌린 모든 사람을 고치셨으니 이는 하나님이 함께 하셨음이라). 이것은 **단지** 예수께서 사람들을 위해 친절한 일을 많이 하시고 그들을 돌보셨다는 것만을 뜻하지 않는다(물론 그분은 그러셨다). 이 말씀은 예수께서 옳은 일을 하셨다는 뜻이기도 하다. 예수께서는 쉽게 피하는 방법을 선택할 수 있을 때조차도 하나님 아버지께서 원하는 바를 행하셨다. 예수께서는 선한 분이셨고, 그분의 선하심은 그분의 의로운 정직을 통해 드러났다. 그분은 자신을 위한 아버지의 뜻에서 벗어나기를 거부하셨다.

예수께서 손쉬운 대안을 선택하셨을 수도 있었던 수많은 경우, 혹은 예수께서 십자가의 길이 아닌 다른 길을 택하셨을 수도 있었던 때를 생각해 보라.

- 사탄은 그분께 더 쉬운 길을 택하라고—인기나 죽음을 극복하는 묘기, 정치 권력을 통해서— 세 번이나 유혹했다. 하지만 예수께서는 이 시험을 이겨내시고 고난당하는 종과 순종하는 아들—그분이 세례를 받으실 때 성부께서 확증하신 정체성—의 길을 택하셨다.
- 시몬 베드로는 예수께서 고난과 십자가 죽음을 피하시게 하려고 했다. 하지만 예수께서는 베드로를 꾸짖으셨다.
- 사랑하는 어머니와 형제들은 그분이 집으로 돌아오게 하려 했으며 그분이 당혹스러우며 위험한 공적 사역을 포기하게 하려 했다. 하지만 예수께서는 자신의 참된 어머니와 형제자매는 성부의 뜻을 행하는 사람들이라고 주장하셨다.
- 겟세마네 동산에서 예수는 이튿날 자신이 겪게 될 일을 피할 다른 선택을 간절히 갈망하셨다. 하지만 성부의 뜻을 행하기로 작정하셨다.
- 예수는 체포당하실 때 천사의 부대를 소환해 자신을 구원하

실 수도 있었지만 그렇게 하지 않으셨다.

◆ 예수께서 십자가를 정면으로 응시하고 계실 때 본디오 빌라
도도 예수께 석방의 가능성을 제시했다. 하지만 그분은 거
부하셨다.

이 모든 유혹과 주의를 분산시키려는 시도 속에서도 예수
께서는 옳은 일을 하고 성부의 뜻을 행하겠다는 결단과 정직
하심으로 자신의 양선을 보여주셨다. 바울의 말처럼 그분은
"죽기까지 복종하셨다."

우리 안에 있는 성령의 열매로서의 양선

이렇게 예수의 선하심 안에서 하나님의 선하심이 드러났으
며, 그래서 양선은 성령의 열매다. 양선은 우리 안에 있는 하
나님의 생명으로부터 나온다. 예수께서 행하신 일의 원동력
은 그분의 마음과 생각과 동기 안에 있는 그분의 정체성으로
부터 나왔다. 양선은 마음의 문제다. 그것은 안으로부터 나온
다. 겉으로 드러나는 우리의 모습은 '열매'와 같으며, 열매는
안에서 무슨 일이 일어나고 있는가—나무의 본질—에 대한 증
거다.

예수께서도 이 점을 명확히 말씀하셨다.

못된 열매 맺는 좋은 나무가 없고 또 좋은 열매 맺는 못된 나무가 없느니라. 나무는 각각 그 열매로 아나니 … 선한 사람은 마음에 쌓은 선에서 선을 내고 악한 자는 그 쌓은 악에서 악을 내나니 이는 마음에 가득한 것을 입으로 말함이니라.

_눅 6:43~45

우리가 무엇을 하는지가 우리가 어떤 사람인지를 보여준다. (겉으로 드러난) 우리의 행동은 우리가 내면적으로 어떤 사람인지(혹은 누구인지)를 보여준다. 따라서 그리스도께서 그분의 성령을 통해 우리 안에 거하신다면, 우리는 생각하고 말하고 행동하는 방식을 통해 점점 더 예수의 성품을 드러내기 시작할 것이다. 우리가 이 땅에서 완전해진다는 뜻은 아니지만, 열매가 자라기 시작한다.

따라서 우리는 예수께서 친히 보이신 대로 우리 안에 거하시는 하나님의 영의 생명으로 흘러나오는, 마음속에 있는 양선의 깊은 우물로부터 성령의 열매를 맺는 데 필요한 물을 끌어올 수 있다.

- ◆ 우리의 생각과 태도, 말, 행동에 있어서 **선한 사람이 됨**으로써
- ◆ 선을 **행함**으로써―(주제넘게 참견하는) '독선적인 사람'이 아니라 '선을 행하는 사람'으로서

성령의 열매인 양선이 우리 안에서 자라날 뿐 아니라, 우리

는 다른 사람들 안에서도 동일한 열매를 발견하고 그들을 격려하기 시작한다. 우리가 변화될 수 있는 것이 오직 하나님의 은총에 의해서임을 우리는 알고 있다. 그러므로 다른 사람들의 삶 속에서 하나님의 은총이 일하는 것을 볼 때 우리에게는 기쁨이 넘친다. 우리는 가족과 같은 사람들이다. 왜냐하면 우리는 같은 아버지의 자녀이며, 같은 주의 제자들이며 같은 성령께서 우리 안에 거하시기 때문이다. 다른 사람들 안에서 양선이 일하고 있음을 볼 수 있는 능력이 탁월했던 사람은 바나바다. 바나바는 누구나 좋아할 만한 사람이었다. 그의 이름이 담고 있는 뜻처럼 그는 사도 바울로 알려지기 전 다소의 사울을 비롯해 다른 사람을 격려하는 데 뛰어난 사람이었다.

한 번은 바나바가 안디옥에서 무슨 일이 일어나고 있는지를 조사하라는 특별한 임무를 위해 예루살렘으로부터 파견을 받았다. 복음이 유대인이 아니었던 사람들(이방인들)에게 선포되자 그들도 예수를 믿게 되었다. 안디옥의 교회는 유대인들에게 이상하고 낯설게 보였을 것이다. 왜냐하면 이방인 그리스도인들은 유대교의 관습을 따르지 않으려 했으며 그들이 예배하는 방식도 전혀 달랐을 것이다. 따라서 그들은 바나바를 보내 이를 확인하게 했다. 그리고 누가는 우리에게 "그가 이르러 하나님의 은혜를 보고 기뻐하여…"라고 말한다(행 11:23).

이 얼마나 사랑스러운 말씀인가! 바나바가 처음부터 본능적으로 한 일은 질문을 던지고 비판하고 이 새로운 이방인 그리스도인들에게 그들이 무엇을 잘못하고 있는지를 말해주는 것이 아니었다. 오히려 하나님의 은총이 이 사람들 안에서 일하고 있다는 분명한 증거를 보았을 때—그들이 자신과 아무리 달라도— 그는 기뻐했다! 그래서 누가는 바로 이어서 바나바의 성품을 이렇게 묘사했을 것이다. "바나바는 착한 사람이요, 성령과 믿음이 충만한 사람이라"(행 11:24). 그리고 바나바의 이러한 이타적인 양선 때문에 교회의 일이 계속되었으며 사람들은 격려를 받았고 "큰 무리가 주께 더해졌다."

교회 안에는 바나바 같은 사람들, 이런 양선—낯선 장소와 사람들 속에서도 하나님의 은총을 알아볼 수 있게 하시는 성령으로부터 나온 양선—을 단순하고 겸손하게 보여주는 사람들이 더 많이 필요하다.

그리스도인의 삶의 본질적 요소로서의 양선

산상설교를 통해 예수께서는 제자들을 가르치신다. '제자들'이란 회개하고 하나님의 통치에 관한 복된 소식을 믿으라는 그분의 초대에 응답해 하나님 나라의 기준과 가치에 따라 살겠다고 헌신한 사람들이다. 하나님 나라 안에서 산다는 것은 하나님의 통치 아래 사는 것—왕이신 하나님과 더불어 사는 것—을 뜻한다. 그리고 이는 하늘에 계신 아버지이신 하나님을 비추거나 닮기 위해 삶과 태도에 근원적인 변화가 이뤄지는 것을 뜻한다. 산상설교는 일군의 완전히 **새로운 규칙**이 아니다. 오히려 그것은 **새로운 삶의 특징**에 대한 묘사다. 예수를 따르는 이들이 '하나님 나라에 들어갈' 때—그들의 삶 속에서 하나님의 통치에 복종하고 예수께서 만물의 주이시며 왕이심을 인정할 때— 그들이 어떻게 생각하고 행동하는지를 묘사한다.

예수께서는 그런 삶이 소금 같을 것이라고 말씀하신다. 소금은 고기나 물고기가 부패하는 것을 방지하는 데 사용되었다. 소금은 썩고 부패하는 자연적인 과정을 막아준다. 따라서 예수께서는 죄로 인해 썩고 타락한 세상 속에서 그분의 제자들이 삶과 말을 통해 이에 맞서는 사람들이 되어야 한다고 말씀하시는 셈이다. 소금이 부패와 구별되듯이 우리는 달라야 한다.

그런 다음 예수는 제자들에게 **"너희는 세상의 빛이라"**라고 말씀하신다. 이 말씀을 듣고 그들은 깜짝 놀랐을 것이다! 예수는 어떤 의미로 그렇게 말씀하셨을까? 무지와 죄라는 어둠 속에 있는 사람들에게 빛을 주는 복음의 진리를 전하는 설교자들이 될 것이라는 뜻으로 그렇게 말씀하신 것일까? 물론 예수는 이 일을 사도적 사명의 전반적인 책무에 포함하셨을 것이다—바울 역시 고린도후서 4장 4~6절에서 동일한 은유를 사용해 설명한다. 하지만 예수께서 '빛'이 어떤 의미인지를 설명하실 때 실제로 무엇을 강조하시는지 살펴보라. 그분은 "너희 빛이 사람 앞에 비치게 하여 그들로 너희의 개인적인 증언을 듣거나 너희의 위대한 설교를 듣게 하라"라고 말씀하지 않으셨다. 예수는 이렇게 말씀하셨다. "너희 빛이 사람 앞에 비치게 하여 그들로 **너희 착한 행실**을 보고 하늘에 계신 너희 아버지께 영광을 돌리게 하라."

여기서 '빛'에 관해 말씀하실 때 예수께서는 (단지 말이 아니라) 삶에 관해서 말씀하고 계신다. 양선과 자비, 사랑, 긍휼, 정의로 가득 차 있는 매력적인[1] 삶을 살라고 명령하신다.

예수께서는 자주 그러시듯이 제자들에게 그들이 '세상의 빛'이라고 말씀하실 때 강력한 구약의 전통을 인용하신다. 하나님은 **이스라엘**에게 '열방의 빛'이 되라고 명령하셨다. 이 역할에는 한 사회로서 그들의 삶의 특징이 포함되었다. '빛'은 강력한 윤리적, 사회적 의미를 지니고 있었다. 이사야의 말씀을 들으며 위에서 설명했던 의미에서 '빛'과 '의'가 어떻게 결합하는지를 주목해 보라. 빛은 긍휼과 정의에 헌신한 사람들로부터 비친다.

> 내가 기뻐하는 금식은,
> 흉악의 결박을 풀어 주며
> 멍에의 줄을 끌러 주며
> 압제 당하는 자를 자유하게 하며
> 모든 멍에를 꺾는 것이 아니겠느냐?
> 또 주린 자에게 네 양식을 나누어 주며
> 유리하는 빈민을 집에 들이며
> 헐벗은 자를 보면 입히며

또 네 골육을 피하여 스스로 숨지 아니하는 것이 아니겠느냐?

그리하면 **네 빛**이 새벽 같이 비칠 것이며

네 치유가 급속할 것이며

네 공의가 네 앞에 행하고 …

주린 자에게 네 심정이 동하며

괴로워하는 자의 심정을 만족하게 하면

네 빛이 흑암 중에서 떠올라

네 어둠이 낮과 같이 될 것이며. _사 58:6~8, 10

조금 뒤 이사야는 이러한 빛—즉 긍휼과 정의, 가난한 이들에 대
한 실질적 돌봄의 빛—이 하나님의 백성 가운데 계신 그분의 임
재와 영광의 빛을 반영할 뿐만 아니라 열방을 끌어당길 것이
라고 덧붙인다. 이것은 열방이 복을 받게 될 것이라는, 하나님
이 아브라함에게 주신 약속을 반영하는 전망이다. 이것은 선
교적으로 매력적인 '빛'이다(사 60:1~3). 하나님의 백성이 하나
님의 방식으로 살아가며 다른 이들에게 하나님의 선하심을

고린도후서 4: 4~6

그 중에 이 세상의 신이 믿지 아니하는 자들의 마음을 혼미하게 하여 그리스도
의 영광의 복음의 광채가 비치지 못하게 함이니 그리스도는 하나님의 형상이
니라 우리는 우리를 전파하는 것이 아니라 오직 그리스도 예수의 주 되신 것과
또 예수를 위하여 우리가 너희의 종 된 것을 전파함이라 어두운 데에 빛이 비치
라 말씀하셨던 그 하나님께서 예수 그리스도의 얼굴에 있는 하나님의 영광을
아는 빛을 우리 마음에 비추셨느니라

본보기로 보여줄 때, 이를 통해 다른 이들이 하나님에 관한 진리를 보게 될 것이며 그분을 알고 그분께 영광을 돌리게 될 것이다. 이것은 선한 행위를 함으로써 세상의 빛이 되라는 예수의 말씀과 직결되지 않는가?

따라서 구약에서 하나님은 이스라엘에게 긍휼과 정의를 실천적으로, 현실적으로 행하는 데 헌신하는 백성이 되라고 명령하셨다. 또한 예수께서는 그분의 제자들에게 이 명령을 지켜야 한다고 분명히 말씀하시는 동시에 이 명령을 급진적으로 심화시키셨다. 그런 다음 예수께서는 대위임을 통해 그들에게 그들이 새롭게 제자로 삼을 사람들에게 이 가르침을 전해주라고 명령하셨다("내가 너희에게 분부한 모든 것을 가르쳐 지키게 하라"). 제자들로 이뤄진 공동체로서 그들의 삶을 통해, 또한 제자 삼는 그들의 사명을 수행함으로써, 가난하고 약한 이들을 돌보시는 하나님의 선하심, 과부와 고아를 보호하시는 하나님의 선하심을 반영해야 한다. 이것이 예수의 제자로서 성령을 통해 우리 안에 거하시는 그리스도의 생명을 가지고 있는 양선의 특징이어야 한다.

이사야 60:1~3

일어나라 빛을 발하라 이는 네 빛이 이르렀고 여호와의 영광이 네 위에 임하였음이니라 보라 어둠이 땅을 덮을 것이며 캄캄함이 만민을 가리려니와 오직 여호와께서 네 위에 임하실 것이며 그의 영광이 네 위에 나타나리니 나라들은 네 빛으로, 왕들은 비치는 네 광명으로 나아오리라 사도 바울 역시 그리스도인들이 선을 행하는 사람들이 되는 것의 중요성에 관해 많은 이야기를 했다. 우리는 때로 이것을 충분히 강조하지 않는다. 사실 우리는 그리스도인의 삶에 나타나야 할 선행에 관한 바울의 가르침을 진지하게 받아들이기를(혹은 그에 관해 설교하기를) 두려워하는 것처럼 보인다. 물론 그 이유는 우리가 '오직 믿음으로 말미암은, 오직 은총에 의한 칭의'의 교리를 대단히 소중하게 여기기 때문이다. **선행으로 구원을 받을 수 없음**을 우리는 강력히 주장한다. 따라서 예수와 바울, 신약의 나머지 부분이 실제로 선행에 관해 말하는 모든 것을 누그러뜨리려고 한다. 우리 자신의 선행을 통해 우리가 구원을 얻을 수 있다는 인상을 주기를 원하지 않는다. 물론 맞는 말이며 이는 은총의 복음의 매우 중요한 부분을 차지한다. 하지만 선행**에 의해** 구원받을 수 없다고 그토록 강조했던 바울은, 마찬가지로 우리가 선행을 **하기 위해** 구원을 받았다고 강조했다. 우리가 아무리 선행을 많이 해도 그것**에 의해서는** 구원을 받지 못하며 받을 수도 없다. 하지만 우리는 선행이 핵심 요소를 이루는 변화된 삶을 **살기 위해** 하나님의 은총에 의해 구원을 받았다.

바울은 에베소서 2장에서 이 두 진리를 나란히 제시한다(아래에서는 이 두 진리에 해당하는 구절을 볼드체로 표시했다).

너희는 그 은혜에 의하여 믿음으로 말미암아 구원을 받았으니 이것은 너희에게서 난 것이 아니요 하나님의 선물이라.

행위에서 난 것이 아니니 이는 누구든지 자랑하지 못하게 함이라. 우리는 그가 만드신 바라. 그리스도 예수 안에서 **선한 일을 위하여** 지으심을 받은 자니 이 일은 하나님이 전에 예비하사 우리로 그 가운데서 행하게 하려 하심이니라.

_엡 2:8~10

　　그는 디도서에도 똑같이 주장한다. 여기서는 부정적인 주장과 긍정적인 주장을 매우 명확히 제시한다.

우리 구주 하나님의 자비와 사람 사랑하심이 나타날 때에
**우리를 구원하시되 우리가 행한 바 의로운 행위로 말미암지
아니하고 오직 그의 긍휼하심을 따라**
중생의 씻음과 성령의 새롭게 하심으로 **하셨나니,**
우리 구주 예수 그리스도로 말미암아
우리에게 그 성령을 풍성히 부어 주사,
우리로 그의 은혜를 힘입어 의롭다 하심을 얻어
영생의 소망을 따라 상속자가 되게 하려 하심이라.
이 말이 미쁘도다.
원하건대, 너는 이 여러 것에 대하여
굳세게 말하라.
**이는 하나님을 믿는 자들로 하여금 조심하여
선한 일을 힘쓰게 하려 함이라.**

_딛 3:4~8

선행이 우리의 구원의 원천이나 근거가 아님을 명확히 이해하게 한 다음 바울은 일단 우리가 하나님의 구원을 경험한 후에는 그분의 구원하시는 은총과 속량하시는 사랑에 응답하여 양선에 의해 특징 지어지는 삶을 살도록 부르심을 받았다고 주장한다. 우리는 은총에 의해 구원을 받은 사람들로서 우리의 개인적 삶과 공적 삶 속에서, 교회 안에서, 또한 세상 안에서 선하고 옳은 사람이 되고 선하고 옳은 일을 행하는 데에 헌신하는 사람이 되어야 한다.

위에서 바울이 '선행'에 관해 많이 이야기했다고 지적했다. 그는 자신의 서신서 대부분에서 그렇게 주장하며, 이런 주장은 특히 디도에게 보낸 짧은 편지에 집중적으로 제시되어 있다.

- 사랑에는 거짓이 없나니 악을 미워하고 **선에 속하라**(롬 12:9).
- 하나님이 능히 모든 은혜를 너희에게 넘치게 하시나니 이는 너희로 모든 일에 항상 모든 것이 넉넉하여 **모든 착한 일**(즉 후히 베푸는 선행)을 넘치게 하게 하려 하심이라(고후 9:8).
- 우리가 **선을 행하되** 낙심하지 말지니 … 그러므로 우리는 기회 있는 대로 모든 이에게 착한 일을 하되 더욱 믿음의 가정들에게 할지니라(갈 6:9~10).
- 주께 합당하게 행하여 범사에 기쁘시게 하고 **모든 선한 일**에 열매를 맺게 하시며…(골 1:10)
- 형제들아 너희는 **선을 행하다가** 낙심하지 말라(살후 3:13).

- [장로는] 오직 나그네를 대접하며 **선행을 좋아하며** 신중하며 의로우며 거룩하며 절제하며(딛 1:8)
- 늙은 여자로는 이와 같이 행실이 거룩하며 모함하지 말며 많은 술의 종이 되지 아니하며 **선한 것을 가르치는** 자들이 되고(딛 2:3)
- 범사에 네 자신이 **선한 일**의 본을 보이며 교훈에 부패하지 아니함과 단정함과(딛 2:7)
- [예수 그리스도께서] 우리를 대신하여 자신을 주심은 모든 불법에서 우리를 속량하시고 우리를 깨끗하게 하사 **선한 일을 열심히 하는** 자기 백성이 되게 하려 하심이라(딛 2:14).
- 너는 그들로 하여금 통치자들과 권세 잡은 자들에게 복종하며 순종하며 **모든 선한 일 행하기를 준비하게 하며** 아무도 비방하지 말며 다투지 말며 관용하며 범사에 온유함을 모든 사람에게 나타낼 것을 기억하게 하라(딛 3:1~2).
- … 이는 하나님을 믿는 자들로 하여금 조심하여 **선한 일을 힘쓰게 하려 함이라**(딛 3:4~8).
- 우리 사람들도 … **좋은 일에 힘 쓰기**를 배우게 하라(딛 3:14).

바울은 그리스도인이 선을 행하는 사람이 되어야 함을 왜 이토록 강조하는 것일까? 다시 말해서, 왜 양선은 성령의 열매의 본질적인 부분으로서 우리의 성품과 태도, 사고, 행동을 통해 우리 삶에 분명히 드러나야 하는 것일까?

한 가지 중요한 이유는, 이것이 복음의 본질과 진리를 반영하기 때문이다. 사실 이것은 십자가와 부활의 역동성을 반영한다. "악에게 지지 말고 **선으로 악을 이기라**"(롬 12:21)라고 말할 때 바울은 하나님이 십자가에서 행하신 바를 그대로 풀어서 말하는 셈이다. 왜냐하면 십자가에서 하나님이 예수의 위격 안에서 피조물 안에 있는 인간과 사탄의 모든 악함을 친히 짊어지심으로써 하나님의 선하심이 그것을 극복하셨기 때문이다. 십자가는 하나님의 선하심의 궁극적인 표현이며, 부활은 그 승리를 입증한다. **선이 악을 이긴다.** 이것이 성경의 궁극적인 이야기다. 이것이 복음의 핵심이다. 그리고 이것이 미래에 대한 우리의 소망이다.

따라서 세상에서 친절과 선행을 행함으로써 악에 대응할 때 우리는 우리 안에 계신 하나님의 성령의 초자연적인 열매를 맺을 뿐만 아니라 십자가와 부활의 능력 안에서 살며 우주 안의 모든 악에 대한 하나님의 선하심의 최종적인 승리를 고대하며 살아가는 것이다. 우리는 십자가와 부활의 승리를 적용하고 있다. 우리가 구원을 얻기 위해 선을 행한다는 말이 (절대로, 결코) **아니다.** 하지만 선을 행함으로써 우리는 사람을 구원하고 변화시키는 복음의 능력을 증명한다.

따라서 십자가와 부활은 **하나님의 선하심**의 증거일 뿐만 아니라 우리가 그리스도인으로서 행할 수 있는 모든 양선의 원천이자 본보기이기도 하다.

그러므로 이 성령의 열매를 맺기 위한 성령의 능력을 위해 기도하고 날마다 삶 속에서, 특히 우리가 일하는 공적 세계 안에서와 우리의 모든 사회적 관계 속에서 이 열매를 길러가자.

선을 행하라! 옳은 일을 하라! 그리고 결과는 하나님께 맡기라.

한 번 더 생각해 보기

❶ "착한 사람이요, 성령과 믿음이 충만한 사람"이었던 바나바와 비슷한 성경의 다른 인물로는 어떤 사람들이 있는가? 그들은 성령의 열매인 양선에 관해 우리에게 무엇을 가르쳐 주는가?

❷ 우리 문화—과거나 현재의— 속에서 어렵거나 큰 희생이 필요했지만 선하고 옳은 일을 행한 사람들의 예가 있는가?

❸ 선행이 구원의 기초가 아니라 우리가 하나님의 구원을 경험한 다음 살아가야 하는 방식임을 확실히 가르쳐주는 설교나 성경 공부를 준비해 보라.

Faithfulness

충성 *Faithfulness*

"잘하였도다, 착하고 충성된 종아 …" (마 25:21, 23)

이것은 예수를 따르는 모든 사람이 듣기를 고대하는 말씀 중 하나다. 그리스도를 사랑하며 우리 삶을 통해 그분을 섬기는 우리는 충성된 종이 되기를 원한다. 그리고 바울은 성령께서 우리 삶 속에서 이 열매를 맺으실 때 우리가 그런 사람이 될 수 있다고 말한다. 하지만 그것은 무엇을 뜻할까? 나는 '충성'이란 단어 안에는 두 가지 연관된 요소가 존재한다고 생각한다.

한편으로, 충성이란 믿을 만하며 의지할 수 있음을 뜻한다. 충성스러운 사람은 정직하며 성실한 사람, 여러분이 신뢰할 수 있는 사람이다. 충성된 사람은 약속을 지킨다. 자신이 약속한 바를 행한다. 그런 사람은 거짓말하거나 속이지 않을 것이

마태복음 25:21

그 주인이 이르되 잘하였도다 착하고 충성된 종아 네가 적은 일에 충성하였으매 내가 많은 것을 네게 맡기리니 네 주인의 즐거움에 참여할지어다 하고

마태복음 25:23

그 주인이 이르되 잘하였도다 착하고 충성된 종아 네가 적은 일에 충성하였으매 내가 많은 것을 네게 맡기리니 네 주인의 즐거움에 참여할지어다 하고

라고 믿을 수 있다.

다른 한편으로, 충성이란 **오랜 기간에 걸쳐** 그런 종류의 믿을 만한 행동을 하는 것을 뜻한다. 충성스러운 사람은 오랜 시간에 걸쳐 자신이 신뢰할 만하다는 것을 입증한 사람이다. 그런 사람은 다시 확인해볼 필요가 없다. 그런 사람에 관해서는 지난주에 잘했지만, 이번 주에는 실망하게 할지도 모른다고 걱정할 필요가 없다. 충성스러운 사람은 모든 종류의 방식과 모든 종류의 환경에서 항상 믿을 만하다는 것을 보여준다. 충성은 **언제나 믿을 수 있는 사람**의 특징이다.

그리고 물론 이것은 하나님에 관한 진리이기도 하다. 그래서 충성은 우리 안에서 일하시는 성령의 열매다.

하나님의 신실하심

성경에서 이보다 더 자주 언급하는 하나님의 속성이 있을까? 성경에서 가장 오래된 시 중 하나에서는 하나님을 '반석'이라고 부르며 이 은유에 영감을 준 하나님의 속성을 강조한다.

너희는 우리 하나님께 위엄을 돌릴지어다!
"그는 반석이시니 그가 하신 일이 완전하고
그의 모든 길이 정의롭고

진실하고 거짓이 없으신 하나님이시니
공의로우시고 바르시도다."_신 32:3~4

시편을 보면 곳곳에서 하나님의 이 속성을 찬양한다.

여호와의 모든 길은 그의 언약과 증거를 지키는 자에게 인자
와 진리로다. _시 25:10

여호와의 말씀은 정직하며
그가 행하시는 일은 다 진실하시도다.
그는 공의와 정의를 사랑하심이여
세상에는 여호와의 인자하심이 충만하도다. _시 33:4~5

여호와여 주의 인자하심이 하늘에 있고
주의 진실하심이 공중에 사무쳤으며. _시 36:5

이런 노래를 만든 이스라엘 사람 중 하나를 찾아가서 그에
게 "실례합니다. **당신은 그걸 어떻게 압니까?** 당신의 하나님
여호와께서 그처럼 신실하다고 어떻게 확신할 수 있습니까?"
라고 물어볼 수 있다고 상상해 보라. 아마도 그들은 당신을 붙
잡고 자리에 앉게 한 다음 그들의 이야기—즉 구약에 기록된 이스
라엘 백성의 위대한 이야기—를 들려줄 것이다.

시편 33편에서 하나님을 묘사하는 말들—진실, 공의, 사랑—을

다시 살펴보라. 이스라엘 사람에게는 출애굽 이야기가 이 모든 것에 대한 증거였다. "주의 신실하심에 관해 물었습니까?" 이스라엘 친구는 이렇게 말할 것이다. "그분은 우리를 이집트에서 건져내심으로써 아브라함에게 주신 약속을 지키셨습니다. 하나님의 정의에 관해 물으셨습니까? 그분은 우리의 조상들에 대한 이집트인들의 경제적 착취와 인종 학살과 억압에 대해 심판하심으로써 정의를 보여주셨습니다. 그분의 사랑에 관해 물으셨습니까? 우리가 광야에서 불평하고 반역할 때 하나님이 우리에 대해 얼마나 인내하셨는지, 어떻게 우리에게 음식과 물을 주셨으며 우리의 원수로부터 우리를 안전하게 지켜주셨는지 잘 들어 보십시오. 그렇게 나는 하나님이 신실하심을 알고 있습니다. 와서 나와 함께 시편을 노래합시다!"

이스라엘 백성은 자기네 이야기를 알고 있었으며 하나님의 신실하심에 대해 계속 찬양했다. 왜냐하면 하나님이 수백 년 동안 그들의 역사를 통해 이를 증명하셨기 때문이다. 하나님이 하신 모든 약속을 다 지키셨기에 그들은 하나님이 믿을 수 있는 분이심을 알고 있었다.

따라서 이스라엘 백성이 자신의 죄에 대한 하나님의 심판 때문에 고통을 당할 때도 그들은 다시 돌아가 하나님의 이 속성에 호소하며 회복의 약속을 신실하게 지켜주실 것을 간구했다. 그들은 하나님이 신실하게 약속을 지키실 것이라고 믿었다. 그분이 위협뿐만 아니라 약속의 말까지도 지키실 것으로 믿었다.

"오 신실하신 주." 유명한 찬송가의 첫 가사다. 이 가사는 사실 예레미야 애가의 중간 부분에 기록된 말씀이다(애 3:22~23 여호와의 인자와 긍휼이 무궁하시므로 우리가 진멸되지 아니함이니이다 이것들이 아침마다 새로우니 주의 성실하심이 크시도소이다). 그리고 이 책은 이스라엘의 구약 역사에서 가장 끔찍한 순간, 즉 예루살렘이 파괴되고 성전이 불타고 사람들이 그들의 죄에 대한 하나님의 심판을 받아 포로로 잡혀갔던 때에 기록되었다. 하지만 이런 처참한 상황 속에서도, **그들 자신의** 신실하지 못함의 결과 때문에 고통을 당하면서도 그들은 여전히 하나님의 영원한 신실하심을 주장했다. 따라서 이 말씀을 둘러싼 예레미야 애가의 여러 장에서 묘사하는 오싹한 어둠 속에서 이 말씀이 빛줄기처럼 나타난다. 죄와 고통의 바위 위에서 소망과 믿음이 산산이 부서진 것처럼 보일 때도 우리는 하나님을 신뢰할 수 있다.

사도 바울은 이런 성경 말씀을 마음속 깊이 알고 있었으며 암송하고 있었다. 따라서 그는 자신의 독자들에게 이제 메시아 예수의 삶과 죽음, 부활을 통해 훨씬 더 온전히 증명된 하나님의 신실하심을 자주 상기시켰다.

- 너희를 불러 그의 아들 예수 그리스도 우리 주와 더불어 교제하게 하시는 하나님은 미쁘시도다(고전 1:9).
- 하나님은 미쁘사 너희가 감당하지 못할 시험 당함을 허락하지 아니하시고 시험 당할 즈음에 또한 피할 길을 내사 너희

로 능히 감당하게 하시느니라(고전 10:13).

◆ 너희의 온 영과 혼과 몸이 우리 주 예수 그리스도께서 강림하실 때에 흠 없게 보전되기를 원하노라. 너희를 부르시는 이는 미쁘시니 그가 또한 이루시리라(살전 5:23~24).

그렇다. 하나님은 신뢰할 수 있는 분이시다. 분명히 그렇다. 하지만 하나님의 백성이 신뢰할 수 있는 사람들일까? 안타깝게도 그렇지 못한 경우가 많다. 구약 이스라엘의 이야기는 그들이 반복적으로 하나님께 신실하지 못한 모습을 보이는 이야기다. 예언서(특히 호세아와 예레미야)에서는 이스라엘이 자신들과 언약을 맺으신 하나님 야훼께 신실하지 못한 것을 결혼에서의 부정(不貞)에 빗대어 묘사한다. 우리가 잘 알고 있듯이 부부 관계에서 부정은 말할 수 없는 배신감과 고통을 야기한다. 그것이 바로 하나님의 신실하심이 이스라엘의 신실하지 못함과 부딪칠 때 하나님이 느끼신 감정이었다.

여기서 조심해야 한다. 우리는 구약의 이스라엘을 정죄하면서 스스로 의로운 척해서는 안 된다. 왜냐하면 기독교 교회의 역사라고 해서 더 나을 것이 없었기 때문이다. 수세기에 걸쳐 하나님께 신실하지 못했던 그분의 백성과 그들의 실패에도 불구하고 자기 백성에 대해 신실하신 하나님이라는 주제는 성경과 교회사 전체를 관통하는 가장 분명하고 일관된 주제다.

하지만 예외도 있었다. 하나님과 자신의 삶에 대한 하나님의 부르심에 대해—오랜 기간에 걸쳐 평생 값비싼 희생을 치르며 믿음직하게 순종하고 헌신함으로써— 모범적인 신실함을 보였던 구약의 남자와 여자들이 있었다. 히브리서 11장에서는 이런 믿음과 신실함의 가장 위대한 본보기를 열거한다. 하지만 그중에서 한 사람—모세—만 살펴보고자 한다. 우리는 모세의 이야기를 통해서 바울이 어떤 의미에서 충성을 성령의 열매로 꼽았는지에 관해 많은 것을 배울 수 있다.

모세의 충성

히브리서 기자는 예수 그리스도에 관해 말하면서, 이 점—즉 그분의 신실하심—에 관해 그분을 모세와 비교한다.

그러므로 함께 하늘의 부르심을 받은 거룩한 형제들아 우리가 믿는 도리의 사도이시며 대제사장이신 예수를 깊이 생각하라. 그는 자기를 세우신 이에게 신실하시기를 **모세가 하나님의 온 집에서 한 것과 같이** 하셨으니. _히 3:1~2

여기서 마지막 문장에서 모세를 가리켜 한 말은 사실 하나님이 친히 하신 말씀을 인용한 것이다. 민수기 12장의 이야기를 살펴보라. 모세는 자신의 가족의 도전을 받고 위기에 직면해 있었다. 아론과 미리암이 그에게 도전했지만, 겸손한 사람이었던 모세는 아무 말도 하지 않았다. 하지만 하나님이 나서서 그를 변호해 주셨다.

> 너희 중에 선지자가 있으면
> 나 여호와가 환상으로 나를 그에게 알리기도 하고
> 꿈으로 그와 말하기도 하거니와,
> 내 종 모세와는 그렇지 아니하니
> **그는 내 온 집에 충성함이라.**
> 그와는 내가 대면하여 명백히 말하고
> 은밀한 말로 하지 아니하며
> 그는 또 여호와의 형상을 보거늘,
> 너희가 어찌하여 내 종 모세 비방하기를
> 두려워하지 아니하느냐? _민 12:6~8

왜 하나님은 모세의 성품 중에서 특별히 충성에 관해 말씀하셨을까? 민수기 11~16장의 이야기를 읽어보면 모세가 지도자로서 온갖 문제에 대처해야 했음을 알 수 있다.

- 식량 문제(민 11장) — 어떻게 이들에게 고기를 먹일 수 있을까?
- 성령의 은사에 관한 혼란(민 11:24~30) — 그때나 지금이나 달라진 것이 전혀 없다!
- 그의 결혼에 관한 가족 내부의 비판(민 12장)

- ◆ 가나안으로 보낸 정탐꾼 다수가 전한 보고로 인한 사기 저하(민 13장)
- ◆ 백성 전체의 불평과 반역(민 14:1~9)
- ◆ 살해 위협(민 14:10)
- ◆ 핵심 부족 지도자들의 반란(민 16장)

하지만 계속되는 위기 속에서도 모세는 하나님이 자신에게 주신 책무를 신실하게 감당했다. 하나님은 모세가 엄청난 압박을 받는 상황에서 그를 믿을 수 있다고 여기셨다. 그래서 하나님은 모세의 신실함에 대해 칭찬하셨다.

민수기의 이야기에서 나는 특히 두 영역에서 모세가 신실한 모습을 보였다고 생각한다. 그리고 이 둘 다 충성으로 기억되기 원하는 그리스도인 지도자들을 위한 탁월한 본보기가 된다.

이기적인 질투심의 완전한 결여(민 11장)

민수기 11장의 이야기에서 하나님이 모세에게 주셨던 영을 장로들에게 주셔서 그들이 지도자인 모세를 도울 수 있게 하셨을 때 두 사람(엘닷과 메닷)은 나머지 장로들과 함께 나타나지 않았다. 그들은 진영에 머물렀다(성경에서는 그 이유를 말하지 않는다. 그들은 아팠을 수도 있고 그날이 어떤 날인지 잊어버렸을 수도 있다). 하지만 하나님은 그들을 배제하지 않으셨다. "그들에게도 영이 임하였으므로 진영에서 예언한지라"(민 11:26).

그러자 누군가가 모세에게 달려가 두 사람이 진영 안에서—그의 허락이나 감독도 받지 않고!— 예언하고 있다고 말했다. 걷잡을 수 없는 상황이 벌어질 수도 있었다! 그래서 여호수아가 나서서 "내 주 모세여 그들을 말리소서!"라고 말한다. 여호수아는 서열상 모세 바로 다음이었다. 그리고 그런 지위에 있는 사람들은 (지도자가 그의 지위를 지켜야 자신도 그 신분을 유지할 수 있기에) 지도자의 권위를 보호하는 데 열렬한 관심을 기울이는 경우가 많았다. 따라서 여호수아는 이처럼 공인되지 않고 감독을 받지 않는 은사주의적 열광이 모세에게(따라서 이차적으로는 자신에게도) 위협이 된다고 생각했다. 그의 반응은 고전적이다. "당장 이것을 멈춰야 합니다!"

나는 여호수아의 말에 대한 모세의 대답이 매우 적절했다고 생각한다. 아마도 그가 여호수아를 책망할 때 그의 눈이 반짝했을 것이다. "네가 나를 두고 시기하느냐? 여호와께서 그의 영을 그의 모든 백성에게 주사 다 선지자가 되게 하시기를 원하노라"(민 11:24~30).

만약 하나님이 그분의 은사를 두루 퍼뜨리기 원하신다면 모세는 그것도 좋다고 생각했다. 그는 하나님의 영을 독점할 필요가 없었다. 하나님이 자신에게 주셨던 은사를 다른 이들도 받게 된다면 이는 훨씬 더 좋은 일이다. 더 많은 이들이 하나님의 영을 받게 된다면 어쩌면 그들은 자신들의 온갖 문제로 모세를 덜 괴롭히게 될 것이다. 모세에게는 하나님의 영과 은사를 독점함으로써 자신의 권위를 강화하려는 마음이 조금도 없었다. 오히려 모세는 무엇이든 하나님이 최선으로 여기시는 방식으로 하나님과 하나님의 백성을 섬기기 원했다. 하나님과 그분의 백성에 대한 충성은, 우리가 우리 것이라고 생각하기 좋아하는 영적 은사를 다른 이들이 사용할 때 그들을 시기하거나 분노하지 않는 것을 뜻한다. 모세에게는 이런 종류의 이기적인 질투심이 없었으며, 그는 이를 통해 자신의 충성을 보여주었다.

이기적인 야심의 완전한 결여(민 14장)

얼마 후 백성은 또다시 반역하여 약속의 땅을 향해 전진하기를 거부했다. 두 번째로(첫 번째는 시내 산에서 발생한 사건으로서 출애굽기 32~34장에 기록되어 있다) 하나님은 백성을 멸망시키고 모세와 함께 다시 시작하겠다고 말씀하셨다. 다시 말해서, 하나님은 그분의 목적을 위해 새로운 백성을 만드실 것이며, 이는 더 이상 아브라함의 후손인 이스라엘 백성이 아닐 것이라는 말씀이다. 그들은 '모세의 후손'이 될 것이다.

하지만 모세는 거부했다. 그가 이 백성 때문에 겪어야 했던 온갖 고통과 슬픔에 대해 생각해 본다면, 그들을 제거하고 새롭게 시작한다는 상상은 분명히 큰 유혹이었을 것이다. 하지만 그는 거부했다. 모세는 하나님의 제안을 거부하고 대신 하나님께 이 백성을 용서해 달라고 탄원한다. 이 놀라운 이야기는 민수기 14장 10~19절에 기록되어 있으며, 신명기 9장 13~29절에서 모세는 이 사건을 다시 떠올린다.

따라서 우리는 모세에게는 자신을 위한 제국을 건설하려는 야심이 전혀 없었다는 것을 알 수 있다. 그에게는 위대한 나라의 건국자가 되는 영광을 누리고자 하는 욕망이 전혀 없었다. 오히려 그는 삶과 일, 기도, 열정을 통해 백성—이 백성, 하나님이 불붙은 떨기나무를 통해 나타나셔서 주저하는 자신에게 맡기신 백성—을 섬기고자 했다. 그는 심지어는 하나님조차도 자신이 이 부르심을 저버리도록 만들지 못하겠다고 다짐했다. 이것이 참된 충성이다. 모세에게 충성이란, 40년 동안 신실하게 하나님

민수기 14:10~19

온 회중이 그들을 돌로 치려 하는데 그 때에 여호와의 영광이 회막에서 이스라엘 모든 자손에게 나타나시니라 여호와께서 모세에게 이르시되 이 백성이 어느 때까지 나를 멸시하겠느냐 내가 그들 중에 많은 이적을 행하였으나 어느 때까지 나를 믿지 않겠느냐 내가 전염병으로 그들을 쳐서 멸하고 네게 그들보다 크고 강한 나라를 이루게 하리라 모세가 여호와께 여짜오되 애굽인 중에서 주의 능력으로 이 백성을 인도하여 내셨거늘 그리하시면 그들이 듣고 이 땅 거주민에게 전하리이다 주 여호와께서 이 백성 중에 계심을 그들도 들었으니 곧 주 여호와께서 대면하여 보이시며 주의 구름이 그들 위에 섰으며 주께서 낮에는 구름 기둥 가운데에서, 밤에는 불 기둥 가운데에서 그들 앞에 행하시는 것이니이다 이제 주께서 이 백성을 하나 같이 죽이시면 주의 명성을 들은 여러 나라가 말하여 이르기를 여호와가 이 백성에게 주기로 맹세한 땅에 인도할 능력이 없었으므로 광야에서 죽였다 하리이다 이제 구하옵나니 이미 말씀하신 대로 주의 큰 권능을 나타내옵소서 이르시기를 여호와는 노하기를 더디하시고 인자가 많아 죄악과 허물을 사하시나 형벌 받을 자는 결단코 사하지 아니하시고 아버지의 죄악을 자식에게 갚아 삼사대까지 이르게 하리라 하셨나이다 구하옵나니 주의 인자의 광대하심을 따라 이 백성의 죄악을 사하시되 애굽에서부터 지금까지 이 백성을 사하신 것 같이 사하시옵소서

께 순종하고 두 세대에 걸쳐 배은망덕한 백성을 신실하게 이

신명기 9:13~29

여호와께서 또 내게 말씀하여 이르시되 내가 이 백성을 보았노라 보라 이는 목이 곧은 백성이니라 나를 막지 말라 내가 그들을 멸하여 그들의 이름을 천하에서 없애고 너를 그들보다 강대한 나라가 되게 하리라 하시기로 내가 돌이켜 산에서 내려오는데 산에는 불이 붙었고 언약의 두 돌판은 내 두 손에 있었느니라 내가 본즉 너희가 너희의 하나님 여호와께 범죄하여 자기를 위하여 송아지를 부어 만들어서 여호와께서 명령하신 도를 빨리 떠났기로 내가 그 두 돌판을 내두 손으로 들어 던져 너희의 목전에서 깨뜨렸노라 그리고 내가 전과 같이 사십주 사십 야를 여호와 앞에 엎드려서 떡도 먹지 아니하고 물도 마시지 아니하였으니 이는 너희가 여호와의 목전에 악을 행하여 그를 격노하게 하여 크게 죄를지었음이라 여호와께서 심히 분노하사 너희를 멸하려 하셨으므로 내가 두려워하였노라 그러나 여호와께서 그 때에도 내 말을 들으셨고 여호와께서 또 아론에게 진노하사 그를 멸하려 하셨으므로 내가 그 때에도 아론을 위하여 기도하고 너희의 죄 곧 너희가 만든 송아지를 가져다가 불살라 찧고 티끌 같이 가늘게갈아 그 가루를 산에서 흘러내리는 시내에 뿌렸느니라 너희가 다베라와 맛사와 기브롯 핫다아와에서도 여호와를 격노하게 하였느니라 여호와께서 너희를가데스 바네아에서 떠나게 하실 때에 이르시기를 너희는 올라가서 내가 너희에게 준 땅을 차지하라 하시되 너희가 너희의 하나님 여호와의 명령을 거역하여 믿지 아니하고 그 말씀을 듣지 아니하였나니 내가 너희를 알던 날부터 너희가 항상 여호와를 거역하여 왔느니라 그 때에 여호와께서 너희를 멸하겠다 하셨으므로 내가 여전히 사십 주 사십 야를 여호와 앞에 엎드리고 여호와께 간구하여 이르되 주 여호와여 주께서 큰 위엄으로 속량하시고 강한 손으로 애굽에서 인도하여 내신 주의 백성 곧 주의 기업을 멸하지 마옵소서 주의 종 아브라함과 이삭과 야곱을 생각하사 이 백성의 완악함과 악과 죄를 보지 마옵소서 주께서 우리를 인도하여 내신 그 땅 백성이 말하기를 여호와께서 그들에게 허락하신 땅으로 그들을 인도하여 들일 만한 능력도 없고 그들을 미워하기도 하사 광야에서 죽이려고 인도하여 내셨다 할까 두려워하나이다 그들은 주의 큰 능력과 펴신 팔로 인도하여 내신 주의 백성 곧 주의 기업이로소이다 하였노라

끌면서 처음에는 자신이 원하지도 않았던 일을 하는 것을 뜻했다.

나는 모세를 충성에 대한 최고의 본보기로 꼽았다. 여러분도 성경의 다른 인물을 택해서 이들의 삶에서 충성의 성품을 보여주는 사건들을 간추려 보시기 바란다. 요셉과 사무엘, 룻, 다니엘, 예레미야에 대해 생각해 보라. 하나님이 그들의 삶 속에서 일하실 때 그들은 어떤 방식으로 행동으로 자신의 충성을 증명했는가?

예수와 바울이 가르치고 본을 보인 충성

예수

히브리서가 지적하듯이, 하나님의 아들이신 예수께서는 하나님의 종으로서 모세가 신실했던 것보다 훨씬 더 신실하셨다. 예수께서는 자신이 성취하기 위해 오신 책무에 대해 신실하셨다. 그분은 성부의 뜻을 행하셨으며 자신에게 주어진 일을—인간적이든 사탄적이든 온갖 장애물과 유혹에도 불구하고— 마치셨다. 따라서 그분은 생의 마지막에 죽기까지 순종할 각오를 하신 상황에서 성부께 "아버지께서 내게 하라고 주신 일을 내가 이루어 아버지를 이 세상에서 영화롭게 하였사오니"라고 말씀하실 수 있었다(요 17:4).

또한 예수께서는 자신을 따르는 이들에게도 신실할 것을

명령하셨다. 예수를 따르기 위해서는 헌신과 인내가 필요하다. 그것은 여러분 자신을 부인하고 십자가를 지는 것을 뜻한다. 그것은 열정적으로 시작한 다음 금세 되돌아가는 사람들을 위한 것이 아니다. 온갖 종류의 다른 우선순위에 얽혀 있는 사람들을 위한 것이 아니다. 예수께 "주여! 주여!"라고 말하면서도 그분이 말씀하시는 바를 절대 행하지 않는 사람들을 위한 것이 아니다. 쉬운 길을 원하는 이들을 위한 것이 아니다. 팔복에서는 걱정 없는 사치와 안락함의 삶과 정반대인 하나님 나라 안의 삶에 관해 말한다.

이 장의 맨 처음에 있는 인용문("잘하였도다. 착하고 충성된 종아")은 자신의 종들에게 금덩어리가 든 가방을 맡긴 주인에 관한 예수의 유명한 비유에 등장하는 말이다. 이 이야기에서 주인은 맡겨진 것을 사용해 주인에게 유익을 가져다준 두 종에게 그렇게 말했다. 그들은 자신이 가지고 있는 것으로 일해서 주인을 위해 좋은 결과를 만들어냈다. 그래서 주인은 그들을 "착하고 충성된 종"이라고 부른다(마 25:14~23). 그들은 해야 할 옳은 일을 알았고 그것을 행했기 때문에 **착하며**, 믿을 만하고 주인의 돈으로 스스로 부자가 되지 않으려고 했기에 **충성된** 종이라고 칭찬을 받았다.

마태복음 25장의 다른 비유들처럼 이 비유의 주제는 돈 자체가 아니다. 이 비유는 예수께서 임박한 하나님 나라와 왕을 알고 섬기는 이들의 책임에 관해 가르치기 위해 사용하신 예화 중 하나다. 하지만 예수께서 문자적으로 돈과 부에 관해 말씀하실 때도 있다. 그분은 돈에 중독되는 것에 관해 심각하게 경고하셨다. 하지만 또한 우리가 돈을 다룰 때마다 전적으로 믿을 만한 사람, 정직하고 성실한 사람이 되어야 한다고 말씀하셨다. 충성에는 책임감—물질적, 영적—도 포함된다.

> 지극히 작은 것에 충성된 자는 큰 것에도 충성되고 지극히 작은 것에 불의한 자는 큰 것에도 불의하니라. 너희가 만일 불의한 재물에도 충성하지 아니하면 누가 참된 것으로 너희에게 맡기겠느냐? 너희가 만일 남의 것에 충성하지 아니하면 누가 너희의 것을 너희에게 주겠느냐?

마태복음 25:14~23

또 어떤 사람이 타국에 갈 때 그 종들을 불러 자기 소유를 맡김과 같으니 각각 그 재능대로 한 사람에게는 금 다섯 달란트를, 한 사람에게는 두 달란트를, 한 사람에게는 한 달란트를 주고 떠났더니 다섯 달란트 받은 자는 바로 가서 그것으로 장사하여 또 다섯 달란트를 남기고 두 달란트 받은 자도 그같이 하여 또 두 달란트를 남겼으되 한 달란트 받은 자는 가서 땅을 파고 그 주인의 돈을 감추어 두었더니 오랜 후에 그 종들의 주인이 돌아와 그들과 결산할새 다섯 달란트 받았던 자는 다섯 달란트를 더 가지고 와서 이르되 주인이여 내게 다섯 달란트를 주셨는데 보소서 내가 또 다섯 달란트를 남겼나이다 그 주인이 이르되 잘하였도다 착하고 충성된 종아 네가 적은 일에 충성하였으매 내가 많은 것을 네게 맡기리니 네 주인의 즐거움에 참여할지어다 하고 두 달란트 받았던 자도 와서 이르되 주인이여 내게 두 달란트를 주셨는데 보소서 내가 또 두 달란트를 남겼나이다 그 주인이 이르되 잘하였도다 착하고 충성된 종아 네가 적은 일에 충성하였으매 내가 많은 것을 네게 맡기리니 네 주인의 즐거움에 참여할지어다 하고 집 하인이 두 주인을 섬길 수 없나니 혹 이를 미워하고 저를 사랑하거나 혹 이를 중히 여기고 저를 경히 여길 것임이니라. 너희는 하나님과 재물을 겸하여 섬길 수 없느니라.

_눅 16:10~13

예수께서는 분명히 말씀하셨다. 하나님을 섬기는 것을 방해하는 큰 적은 '맘몬'—돈 자체가 아니라 유혹과 우상 숭배의 강력하고 매혹적인 원천인 돈—이다. 너무나도 많은 그리스도인, 특히 그리스도인 지도자들이 돈에 관해 충성하지 못함으로써 몰락하고 말았다.

따라서 충성은 정직과 책임감을 요구한다. 이는 충성이 **신뢰**를 요구하기 때문이다. 그리고 여러분은 누군가가 매사에 정직하고 투명하며 책임감을 보임으로써 스스로 **믿을 만한** 사람이라는 것을 증명했을 때만 그 사람을 정말로 믿을 수 있다. 돈에 관해 전적으로 믿을 만하지 않다면 영적이거나 목회적인 문제에 관해 어떻게 그 사람을 신뢰할 수 있겠는가?

바울

사도 바울은 돈을 다루는 문제에 관해 매우 신중했다. 그는 그리스의 기독교 교회들 사이에서 돈을 모아서 심각한 가난으로 고통을 당하고 있던 예루살렘의 유대인 그리스도인들에게 보냈다. 바울은 이 연보에 관해 여러 차례—로마서 16장, 고린도전서 16장, 고린도후서 8~9장에서— 이야기한다. 그에게 연보는 가난한 이들의 필요를 채우는 명백히 실천적인 목적을 위해 서만이 아니라 신학적으로 매우 중요한 문제였다. 바울은 이 연보가 이방인 그리스도인들이 물질(그들 역시 넉넉하지 않고 가난했다고 바울은 말한다)을 유대인 그리스도인들과 나눔으로써 자신들이 참으로 복음을 믿고 이 복음에 **순종**하고 있음을 보여주는 실질적이고 가시적인 증거가 된다고 생각했다.

우리는 바울이 그저 '나에게 돈을 주세요. 그러면 내가 그

고린도전서 16:3~4

내가 이를 때에 너희가 인정한 사람에게 편지를 주어 너희의 은혜를 예루살렘으로 가지고 가게 하리니 만일 나도 가는 것이 합당하면 그들이 나와 함께 가리라

고린도후서 8:16~24

너희를 위하여 같은 간절함을 디도의 마음에도 주시는 하나님께 감사하노니 그가 권함을 받고 더욱 간절함으로 자원하여 너희에게 나아갔고 또 그와 함께 그 형제를 보내었으니 이 사람은 복음으로써 모든 교회에서 칭찬을 받는 자요 이뿐 아니라 그는 동일한 주의 영광과 우리의 원을 나타내기 위하여 여러 교회의 택함을 받아 우리가 맡은 은혜의 일로 우리와 동행하는 자라 이것을 조심함은 우리가 맡은 이 거액의 연보에 대하여 아무도 우리를 비방하지 못하게 하려 함이니 이는 우리가 주 앞에서뿐 아니라 사람 앞에서도 선한 일에 조심하려 함이라 또 그들과 함께 우리의 한 형제를 보내었노니 우리는 그가 여러 가지 일에 간절한 것을 여러 번 확인하였거니와 이제 그가 너희를 크게 믿으므로 더욱 간절하니라 디도로 말하면 나의 동료요 너희를 위한 나의 동역자요 우리 형제들로 말하면 여러 교회의 사자들이요 그리스도의 영광이니라 그러므로 너희는 여러 교회 앞에서 너희의 사랑과 너희에 대한 우리 자랑의 증거를 그들에게 보이라

걸 예루살렘으로 가지고 가겠습니다. 나를 믿으세요. 나는 사도입니다!'라고 말했을 것으로 생각할지도 모른다. 하지만 그렇지 않았다. 바울은 반드시 이 기획의 모든 국면에 자신 외에 몇 사람들, 즉 교회가 신뢰하며 교회에서 임명을 받은 사람들이 더 관여하게 했다. 이 사람들은 연보를 모으는 과정을 감독했으며 바울과 함께 여행함으로써 모든 돈이 정직하고 책임감 있게 사용될 수 있게 했다.

바울이 만들어놓은 절차는 매우 복잡했다(고린도전서 16장 3~4절과 고린도후서 8장 16~24절을 살펴보라).

여러 사람이 이 과정에 참여했다는 점은 분명하지만, 참여한 모든 사람을 파악하기가 쉽지 않다. 바울이 정한 절차에 따라 모든 과정을 실행하기 위해서는 아마도 큰 대가를 치러야 했을 것이다. 대여섯 명이 그리스에서 예루살렘까지 여행하는 것은 바울이 혼자서 여행하는 것보다 훨씬 더 큰 비용이 들었을 것이 분명하다. 당시에 육로와 해로로 여행하는 비용은 지금만큼 저렴하지 않았다.

따라서 바울이 이 헌금의 집행을 위해 절차와 주의사항을 만들었을 때 이는 저항을 야기했을 것이다. 사람들은 비판하면서 "왜 이렇게 많은 사람을 보냅니까? 그런 비용 때문에 연보 중 일부가 낭비될 것입니다"라고 말했을지도 모른다. 이따금 우리가 회계 감사 비용에 관해 불평하는 것과 마찬가지다. 하지만 바울은 "이것을 조심함은 우리가 맡은 이 거액의 연보에 대하여 아무도 우리를 비방하지 못하게 하려 함이니, **이는**

우리가 주 앞에서뿐 아니라 사람 앞에서도 선한 일에 조심하려 함이라"라고 주장한다(고후 8:20~21).

놀라운 말이 아닌가? 나는 이 구절이 충성과 정직, 성실에 관한 표어가 되어야 한다고 생각한다. 모든 기독교 목회자와 지도자의 방과 교회나 선교회 사무실의 벽에 이 구절을 걸어 두면 좋겠다.

바울은 완전한 책임감을—자신에 대해, 이 돈을 처리하는 과정에 관여하는 모든 사람에 대해— 요구했다. 이런 책임감은 성경적인 정직과 충성의 중요한 필수 요소다. 안타깝게도 많은 곳에서, 특히 기독교 목회자와 지도자들 사이에서 이런 태도를 찾아볼 수 없다. 그들은 그저 믿고 절대로 의심하지 말라고 요구할 뿐이다. 하지만 책임감이라는 은사에 복종하지 않았기에 그들은 유혹에 넘어가고 그들의 부패는 자신과 교회를, 더 나아가 그리스도의 이름을 수치스럽게 한다.

바울은 믿음직함이라는 이 시험을 자신과 동역자들뿐 아니라 노예들에게도 적용했다. 노예들은 너무나도 착취를 당하고 부당한 대우를 받았기에 자신이 주인에게 아무것도 빚지지 않고 있다고 생각할지도 모른다. 따라서 주인을 속이거나 주인의 것을 훔칠 기회가 왔을 때, '그렇게 하지 말아야 이유가 무엇인가?'라고 생각할지도 모른다. 하지만 바울은 예수를 믿게 된 노예들에게 그들이 다른 태도를 가지고 살아야 한다고 말한다. 그들은 주를 섬기듯이 자신의 주인을 섬겨야 하며 (엡 6:5~7), 여기에는 (그들이 주께 충성하고 신실해야 하듯이) 충성과 신실함도 포함된다. 따라서 그는 종들이 "모든 참된 신실성을 나타내게 하라. 이는 범사에 우리 구주 하나님의 교훈을 빛나게 하려 함이라"라고 덧붙인다(딛 2:10).

다시 말해서, 충성과 정직, 신실함은 아직 복음을 믿지 않고 있는 이들로 하여금 복음의 매력을 깨닫게 해주는 성품이다.

맺음말

이 장의 첫머리에서 우리는 충성이 장기적이며 꾸준하고 믿을 만하며 평생에 걸친 헌신도 포함한다고 말했다. 그런 의미에서 충성은 사랑으로부터 태어나고 한결같은 감사에 의해 유지되는, 마음을 다하고 온 삶을 드리는 헌신을 뜻한다. 물론 이런 헌신에는 우리 주님이시며 구원자이신 그리스도에 대한 흔들리지 않는 신실함이 포함된다. 또한 이는 성경에 대한 충성, 복음에 대한 충성, 교회에 대한 충성, 하나님이 우리에게 맡겨주신 일에 대한 충성을 의미한다. 세상 속에서 행하시는 하나님의 선교와 우리와 더불어 이 일에 참여하는 모든 사람에 대한 충성을 의미한다.

에베소서 6:5~7

종들아 두려워하고 떨며 성실한 마음으로 육체의 상전에게 순종하기를 그리스도께 하듯 하라 눈가림만 하여 사람을 기쁘게 하는 자처럼 하지 말고 그리스도의 종들처럼 마음으로 하나님의 뜻을 행하고 기쁜 마음으로 섬기기를 주께 하듯 하고 사람들에게 하듯 하지 말라 충성이란 우리가 정말로 무엇을 믿는지, 정말로 무엇을 **사랑하는지**, 궁극적으로 무엇에 **헌신하고 있는지**를 아는 것을 뜻한다. 충성이란 우리가 무엇을 위해 살기를 원하는지, 무엇을 위해 기꺼이 죽고자 하는지를 확신하는 것을 뜻한다. 충성이란 유진 피터슨(Eugene Peterson)이 "한 방향으로 꾸준히 순종하기"라고 불렀던 것이다.[1]

바울은 사람들에게 인사할 때 이런 종류의 장기적인 충성과 신실함을 언급하기를 좋아했다. 그는 자신의 동역자들 몇 몇을 "**신실한 형제들**"이라고 불렀다. 디모데와 에바브라, 오네시모, 두기고, 아벨레에 관해 이 구절을 사용했다. 나는 바울이 그의 말처럼 "주 안에서 수고한" 여성들―뵈뵈와 브리스가, 마리아, 유니아, 드루배나, 드루보사, 버시―에 관해서도 동일하게 말했을 것으로 확신한다. 로마서 16장에는 이렇게 충성스러운 주의 일꾼들의 이름이 기록되어 있다. 이 목록은 충성의 문제를 대단히 개인적인 것으로 만든다. 이들은 실제로 존재했던 사람들이다. 그들 일부는 바울과 같이 감옥 생활을 했으며, 일부는 그를 위해 생명의 위험을 무릅썼다. 이들은 **신실한** 친구들―바울이 믿을 수 있는 사람들―이었다. 그러므로 그들의 삶 속에 나타난 성령의 열매―자신과 그들이 함께 받은 사명에 대한 그들의 충성―를 보면서 바울은 하나님께 감사를 드렸다.

그와 마찬가지로 베드로는 실라를 칭찬한다. "내가 **신실한 형제**로 아는 실루아노로 말미암아 너희에게 간단히 써서 권하고 이것이 하나님의 참된 은혜임을 증언하노니 너희는 이 은혜에 굳게 서라"(벧전 5:12).

그리고 장로 요한은 진리에 대해 충성하고 형제자매들을 위해 그가 하고 있는 일에 충성했던 가이오를 칭찬한다(요삼 3, 5). 가이오는 분명히 신실한 설교자이자 다른 이들을 신실하게 섬기는 목회자였다.

바울은 이렇게 충성했기에 생애의 마지막에 이런 유명한 말을 남길 수 있었다.

> 나는 선한 싸움을 싸우고 나의 달려갈 길을 마치고 **믿음을 지켰으니** 이제 후로는 나를 위하여 의의 면류관이 예비되었으므로 주 곧 의로우신 재판장이 그 날에 내게 주실 것이며 내게만 아니라 주의 나타나심을 사모하는 모든 자에게도니라.
>
> _딤후 4:7~8

"잘하였도다, 착하고 충성된 종아."

한 번 더 생각해 보기

❶ 모세처럼 충성의 성품을 보여준 성경 속 인물에 관해 생각해 보라. 만약 설교자라면 연속 설교나 성경 공부를 준비해 보라. 예를 들어, 요셉이나 사무엘, 엘리야, 룻, 다니엘, 예레미야 등에 관해 생각해 보라.

❷ 우리 문화에서는 어떤 식으로 인간관계에서 충성스러운 태도를 보이는 것을 칭찬하는가? 성령의 열매로서의 충성은 그러한 문화적 가치를 반영하는가? 아니면 그런 가치에 대해 도전하는가?

❸ 우리 교회와 문화 속에 그리스도인들이 자신의 삶에서 충성을 보여주지 못하게 하는 유혹이 존재하는가? 이를 바로잡기 위해 우리는 어떤 노력을 할 수 있는가?

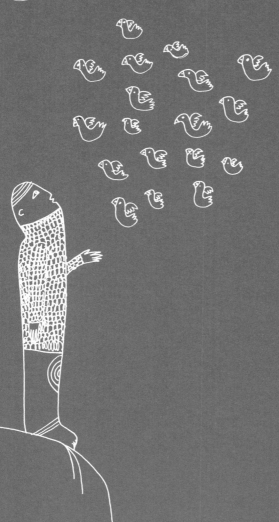

온유
08

Gentleness

온유 *Gentleness*

온유는 오래 참음과 매우 밀접한 관계가 있다. 바울이 성령의 열매를 열거하면서 이 둘을 모두 언급한 것은 놀랍지 않다. 비슷한 점과 차이점이 무엇일까?

오래 참음이 **분노 없이** 적대감과 비판을 견디는 능력이라면, 온유는 **공격성 없이** 그런 것들을 견디는 능력이다. 내가 갈등과 싸움, 거부, 불공평함, 나를 신랄하게 비난하는 말에 대해 그리스도처럼 대응하는 방식이 거칠게 되받아치면서 자기를 변호하지 **않고**, 모질고 공격적인 말을 하지 **않고**, 분노의 몸짓과 표정을 짓지 **않고**, 가시 돋친 말없이 대응하는 것임을 체득했을 때 온유가 드러난다. 나의 혀와 화를 제어하면서 부드럽게 대응하는 것이 온유다.

또한 온유란 상대방 역시 감정을 지닌 인간임을 분명히 자각하는 것을 뜻한다. 어쩌면 그 사람이 매우 적대적인 태도를 보이더라도 그 역시 나만큼이나 우리 사이에서 일어나고 있는 일 때문에 상처를 받았을지도 모른다. 따라서 내가 그만큼 혹은 그 이상으로 공격적인 태도로 맞서 싸운다면 상황은 더 나빠질 뿐이다. 우리는 서로에게 훨씬 더 많은 상처를 입힐 것이다. 그렇게 된다면 무슨 유익이 있겠는가?

온유가 반드시 아무 말도 하지 않고 묵묵히 받아들이는 것을 뜻하는 것은 아니다(물론 그럴 때도 있다. 예수께서 재판받으시던 때를 생각해 보라). 온유한 반응은 강하고 단호하며 분명하지만, 악의적인 분노를 품지 않는 반응이다.

온유는 겸손과도 밀접한 관계가 있으며, 이 둘은 함께 나타나는 경우가 많다. 예를 들어, 이 둘은 바울이 자신의 독자들에게 복음 안에서 그들의 부르심에 합당한 삶을 살라고 말할 때 언급하는 첫 두 덕목이다. "그러므로 주 안에서 갇힌 내가 너희를 권하노니, 너희가 부르심을 받은 일에 합당하게 행하여 모든 겸손과 온유로 하고 오래 참음으로 사랑 가운데서 서로 용납하고"(엡 4:1~2).

고대 세계에서의 온유

그리스와 로마 세계─바울이 갈라디아의 그리스도인들에게 편지를 쓴 바로 그 세계─에서 온유와 겸손은 높이 평가되는 덕목이 전혀 아니었다. 아리스토텔레스가 덕목의 목록을 열거하면서 온유(여기서 바울이 사용하는 것과 동일한 헬라어 단어)를 포함하기는 했다. 하지만 그것은 매우 나약한 덕목일 뿐이었다.

아리스토텔레스는 '온유'를 두 극단 사이의 중용(golden mean, 즉 중간)으로 정의했다. 아리스토텔레스에 따르면 온유는 지나친 분노와 그 무엇에 대해서도 화를 낼 수 없음─(부정적인 정반대의 극단인) 그저 무감각한 상태─사이의 중간에 자리 잡고 있다.

아리스토텔레스에게 온유는 삶에 닥치는 모든 일에 대해 침착하고 균형 잡힌 방식으로 대응하는 것을 뜻했다. 따라서 그는 그런 의미에서 온유가 좋은 것이라고, 적어도 버럭 화를 내거나 전혀 관심이 없는 것보다는 더 낫다고 생각했다. 하지만 이 경우에 온유는 부정적일 뿐이다—이것도 아니고 저것도 아니라는 말이다. 그것은 바울이 예수 그리스도 안에서 가장 완벽하게 드러난, 살아계신 하나님의 성령의 열매로 제시하는 긍정적이며 매력적인 온유와는 거리가 한참 멀어 보인다.

아리스토텔레스는 그저 마지못해 온유를 덕으로 인정한 것 같지만, (온유와 밀접한 관계가 있는) 그들에게 겸손은 그리스와 로마의 대중문화에서 일반적으로 **경멸의 대상**이었다. 겸손은 덕이 아니었다(그것은 절대 영웅적인 덕에 포함되지 **않았다**). 사실상 겸손은 일반적으로 악덕으로 간주했다. **진짜 남자들**은 온유하지도 겸손하지도 않았다. **진짜 남자들**은 힘이 세고 강하고 지배적이었다. 자신의 우월함에 대해 자랑하는 태도는 현대의 예의 바른 사회와 달리 '고상하지 못하다'고 간주하지 않았다. 자랑은 세심하게 계발해낸 기술이었다. 진짜 남자들은 승자들이었다! 그리고 진짜 남자들은 다른 모든 사람이 이를 알 수 있게 했다. 겸손이라고? 자랑할 게 있다면(그리고 설령 자랑할 게 없더라도) 최선을 다해 여러분의 자랑을 연마하라! 겸손하지 **말라**! 그것이 바울 시대의 주변 문화였다.

이런 종류의 초남성적 이상이 여전히 모든 것을 정복하고 있으며 폭력적인 '착한 사람'과 신화적 초영웅이 등장하는 헐

리우드 영화를 지배하고 있다. 안타깝게도 이러한 마초 정서가 길거리에도 널리 퍼져 있다. 온유와 겸손? 누가 그런 걸 필요로 할까? 그러다가는 남에게 짓밟히게 될 뿐이다.

그런 영화들이 우리에게 대단히 큰 영향력을 미치고 있다. 솔직히 고백하자면, 나는 어렸을 때 힘이 세고 남자다운 영웅들이 나오는 영화를 보면서 그리스도인이 된 것을 후회하곤 했다! 다른 사람들을 무시하면서 날카롭고 공격적인 말을 하고, 호통치듯 명령을 내리면 다른 사람들이 그 명령에 따르게 할 수 있다면 멋지지 않겠는가? 혹은 권총을 뽑거나 온갖 종류의 결투 기술을 구사해 악당을 물리칠 수도 있다. 하지만 그리스도인으로서 나는 그렇게 할 수 없다는 것을 알고 있었다—적어도 할 수 있더라도 그렇게 **하지 말아야 한다**는 것을 알고 있었다. 그런 측면에서 온유와 겸손은 전혀 재미있게 보이지 않는다!

교묘하고 위험하게 문화와 그 영웅들이 우리의 사고와 태도를 형성하고 있다. 그리고 안타깝게도 일부 기독교 지도자들조차도 대중문화가 상상하는 '초영웅' 지도자가 되려는 유혹에 넘어가고 있다. 독재적인 방식으로 행동하며 자신의 지시에 대한 즉각적인 순종을 요구하는 일부 목회자들과 기독교 단체 회장들이 있다. 온유와 겸손—그리스도의 성품—은 그들의 성품이나 말과 행동과 전혀 상관이 없다. 그 결과 그들은 기독교 지도자임에도 사실은 전혀 그리스도를 닮지 않았다.

그러나 성경은 전혀 다른 이상—그때나 지금이나 대항문화적인 이상—을 제시한다. 바울이 제시한 성령의 열매 목록에는 그의 동시대인들이 놀랍게 여겼을 용어들이 포함되어 있다. 사실 기독교 복음의 능력과 영향력만이(물론 성령의 임재와 더불어, 세속적인 사회 안에서도) 온유와 겸손을 덕으로 지각하고 수용할 수 있게 한다. 물론 궁극적으로 문화적 규범이 이렇게 서서히 변화된 것은 그리스도—참된 온유와 겸손의 놀라운 힘을 본보기로 보여주신—의 성품 때문이었다. 복음의 능력과 성령의 열매를 보여준 그리스도인들의 매력적인 증언에 의해 한때는 수치스럽고 나약하고 경멸의 대상인 것으로 간주했던 것이 일차적이며 가장 그리스도를 닮은 미덕에 속한 것—온유와 겸손—으로 인정받게 되었다.

앞에서 그랬듯이 먼저 하나님으로부터 시작해야 한다. 또한 놀랍게 보일지도 모르지만, 우리는 한 번 더 구약에서 출발해야 한다.

구약에 나타난 하나님의 온유

아마도 온유는 구약의 하나님을 묘사할 때 가장 먼저 떠올리는 말이 아닐 것이다. 하지만 시편 기자와 다른 저자들은 하나님의 온유하심에 관해 자주 이야기한다. 물론 그분의 놀라운 능력—목소리로 산들을 녹일 정도로 폭풍처럼 강력하신—에 관해서도 말했다. 하지만 그들은 다른 은유도 사용했다.

다윗은 하나님을 자기 양 떼를 돌보며, 마실 물이 있는 잔잔한 물가와 먹을 것이 있는 신선한 초장으로 이끌고, 위험한 곳을 지날 때 양 떼를 보호하는 온유한 목자에 비유한다.

> 그가 나를 푸른 풀밭에 누이시며
> 쉴 만한 물 가로 인도하시는도다.
> 내 영혼을 소생시키시고
> 자기 이름을 위하여
> 의의 길로 인도하시는도다. _시 23:2~3

이사야도 같은 그림을 제시한다. 하나님의 전능하신 능력을 묘사한 다음 그는 이렇게 말한다.

> 그는 목자 같이 양 떼를 먹이시며
> 어린 양을 그 팔로 모아
> 품에 안으시며
> 젖먹이는 암컷들을 온순히 인도하시리로다. _사 40:11

하나님은 자녀가 약하며 다치기 쉽다는 것을 아는 부모처럼 온유하시다.

> 아버지가 자식을 긍휼히 여김 같이
> 여호와께서는 자기를 경외하는 자를 긍휼히 여기시나니

이는 그가 우리의 체질을 아시며

우리가 단지 먼지뿐임을 기억하심이로다. _시 103:13~14

신명기에서는 하나님을 자녀를 돌보는 아버지로 묘사한다. 아버지가 자녀를 위험에서 지켜내기 위해 그를 안아서 옮기듯 그분은 자기 백성을 안아서 옮기신다. 물론 부모의 이미지에는 징계도 포함되지만, 징계조차도 그분이 우리의 모든 필요를 온유하게 채워주시는 가운데 이뤄진다.

광야에서도 너희가 당하였거니와 **사람이 자기의 아들을 안는 것 같이** 너희의 하나님 여호와께서 너희가 걸어온 길에서 너희를 안으사 이 곳까지 이르게 하셨느니라. _신 1:31

네 하나님 여호와께서 이 사십 년 동안에 네게 광야 길을 걷게 하신 것을 기억하라. 이는 너를 낮추시며 너를 시험하사 네 마음이 어떠한지 그 명령을 지키는지 지키지 않는지 알려 하심이라. 너를 낮추시며 너를 주리게 하시며 또 너도 알지 못하며 네 조상들도 알지 못하던 만나를 네게 먹이신 것은 사람이 떡으로만 사는 것이 아니요, 여호와의 입에서 나오는 모든 말씀으로 사는 줄을 네가 알게 하려 하심이니라. 이 사십 년 동안에 네 의복이 해어지지 아니하였고 네 발이 부르트지 아니하였느니라. 너는 **사람이 그 아들을 징계함 같이** 네 하나님 여호와께서 너를 징계하시는 줄 마음에 생각하고. _신 8:2~5

그다음으로 사람들을 다정하게 대하시는 하나님을 묘사하는 이야기들이 있다—그분의 진노와 심판의 이야기만 떠올리면 이런 이야기를 잊어버리기 쉽다.

하갈을 생각해 보라. 사라의 학대를 피해 하갈이 처음에 아브라함과 사라에게서 도망친 후 임신한 몸으로 언제 죽을지 모르는 상태로 광야에서 방황할 때 누가 그를 찾았는가?(창세기 16장) 그의 고향이며 아마도 돌아가려고 했던 곳인 이집트의 신들이 아니라 아브라함의 하나님이었다. 그리고 하나님이 그를 위로하고 그가 낳을 아들에 관한 약속을 주신 다음 그는 성경에서 처음으로 하나님의 이름을 지은 사람이 되었다. "하나님은 **엘**로이, **나를 살피시는 하나님**이시다." 나를! 이방인이며 노예이고 첩인 나를! 이것이 하갈에 대한 하나님의 온유하심이었으며, 실제로 아브라함이 어린 아들 이스마엘과 함께 그를 쫓아냈을 때 하나님은 다시 한번 그분의 온유하심을 하갈에게 베푸셨다. 두 번째로(창 21:8~21) 하나님은 두 사람의 목숨을 구하셨으며 광야에서 물을 공급하셨다(이것은 하나님이 매우 잘하시는 일이다).

엘리야를 생각해 보라. 엘리야가 우울함에 빠져 자살까지 생각하는 상황에서 이세벨의 위협으로부터 목숨을 건지기 위해 도망치고 있을 때 하나님은 그를 온유하게 대하셨다(왕상 19장). 사막의 로뎀 나무 아래에 숨어 죽고 싶어하던 그를 발견했을 때 하나님은 기본적으로 그를 '어머니처럼 돌보시며' 그에게 잠과 음식을 주셨다. 그리고 그것은 하늘에서 갓 구워서 천사가 배달한 빵이었다! 이 이야기에서 하나님의 온유는 놀랍다(하지만 엘리야가 그 음식에 대해 감사하다고 말했다는 이야기조차 없다. 그는 그것을 먹고 바로 잠들었을 뿐이다).

그런 다음 하나님은 그를 시내산으로 데리고 가서 그에게 바람과 지진, 불로 거대한 시청각 교육을 하신다. 하지만 의미심장하게도 "바람 가운데에 여호와께서 계시지 아니하며 … 지진 가운데에도 여호와께서 계시지 아니하며 … 불 가운데에도 여호와께서 계시지 아니하더니." 그렇다면 하나님은 엘리야에 어떻게 말씀하셨는가? '세미한 소리'로. 하나님은 '온유한 속삭임'으로 말씀하셨다. 하나님은 실패한 자신의 예언자를 온유하게 대하셨다. 그런 다음 그를 회복시키고 다시 그를 보내 사명을 행하게 하셨다. 이것이 하나님의 온유다. 나는 이 사건이 우리가 이제 곧 살펴볼 예수께서 베드로를 대하신 방식을 미리 보여주었다고 생각한다.

예수의 온유

"온유하신 예수님, 유순하고 온화하신 분
예수님도 한때는 어린아이셨어요"

이 옛 어린이 찬송가를 기억하시는 분이 있을 것이다. 하지만 예수께 이런 말을 적용할 때, 이는 그분이 절대로 목소리를 높이거나 다른 사람에게 당당히 맞서지 못했던 겁쟁이였다는 뜻이 아니다. 반대로 예수께서는 매우 담대하게 진리를 말씀하셨고 당당히 사람들에게 맞서셨다. 복음서 안에는 그런 예가 너무나도 많다. 하지만 그분의 가장 큰 힘은 그분의 온유하심을 통해 가장 잘 드러났다. 원수들이 그분을 속이려 할 때, 심지어는 거짓으로 그분을 고발할 때도 예수께서는 공격적이거나 호전적인 태도를 취하지 않으셨다. 예수께서는 다른 이들을 괴롭히거나 멸시하지 않으셨고 사회가 괴롭히고 멸시하며 거부하는 이들을 위해 시간을 마련하셨다.

가장 많은 사랑을 받는 예수의 말씀 중 하나는 이것이다. "수고하고 무거운 짐 진 자들아 다 내게로 오라 내가 너희를 쉬게 하리라. **나는 마음이 온유하고 겸손하니** 나의 멍에를 메고 내게 배우라. 그리하면 너희 마음이 쉼을 얻으리니"(마 11:28~29).

'멍에'에 관해 말씀하실 때 예수께서는 자신의 길과 모세의 율법을 가르치는 교사들의 길을 대조하셨다. "스스로 율법의 멍에를 메다"라는 표현이 있었다. 황소가 농부가 씌우는 멍에를 메듯이 신실한 이스라엘 사람은 자기 목을 굽혀 주의 율법에 복종해야 한다는 뜻이었다. 물론 어떤 의미에서 이것은 매우 옳고 선한 일이다. 하나님은 이스라엘에게 그분의 율법을 주셨으며, 그들이 그것에 순종하고 그분의 언약적 권위에 복종한다면 그것이 그들에게 최선일 것이다. 하나님은 이 백성을 속량하신 후 그들이 속량의 복 안에서 살아갈 수 있게 하는 방식으로서 율법을 주셨다. 그들의 사회와 문화는 정직과 정의, 긍휼로 넘칠 것이다. 따라서 율법의 멍에에 복종하는 것은 긍정적이며 유익하고 생명을 주는 일이 되어야 했다.

하지만 예수의 시대에 이르렀을 때 이스라엘 사회의 수호자들—바리새인들과 서기관들, 율법을 연구하고 가르치고 집행하려고 노력했던 사람들— 은 율법에 너무 많은 것을 덧붙였고, 그 결과 그것은 지치게 하는 짐이 되고 말았다. 사람들을 자유롭게 하여 하나님과의 관계를 누리게 하기는커녕 폭력적으로 일치를 강요하는 수단이 되고 말았다. 그것은 전혀 '온유'하지 않았으며, 공적 지도자들은 전혀 '겸손'하지 않았다.

분명히 예수께서는 사람들에게 율법—성경의 토라 자체—의 멍에를 던져버리라고 말씀하지 않으셨다. 율법의 멍에를 던져버리는 것은 예언자들이 구약 시대에 이스라엘의 반역을 묘사하는 방식이었다(예를 들어, 렘 2:20 네가 옛적부터 네 멍에를 꺾고 네 결박을 끊으며 말하기를 나는 순종하지 아니하리라 하고 모든 높은 산 위에서와 모든 푸른 나무 아래에서 너는 몸을 굽혀 행음하도다). 그것은 하나님께 불순종하고 그분의 권위에 복종하기를 거부하는 것을 뜻했다. 이스라엘은 수세기 동안 그래왔다. 오히려 예수께서는 율법과 예언자를 폐기하기 위해서가 아니라 **성취**하기 위해서 오셨다고 주장하셨다. 사람들은 예수를 자신들의 완벽한 교사이자 지도자, 본보기로 보아야 했다. 그들은 **그분을** 율법이 실제로 지향하는 바, 하나님과의 사랑과 충성, 긍휼, 순종의 관계의 참된 구현체로 보아야 했다. 그리고 그들이 스스로 **그분의** '멍에'를 메고 그분께 순종한다면 그들은 그렇게 살 수 있을 것이다.

예수의 제자도, 예수를 따르는 삶이란 점점 더 그분처럼 변화하는 것을 뜻한다. 즉 그리스도의 온유와 겸손에 의해 특징지어지는 것을 뜻한다. 그리고 그렇게 그리스도를 닮은 삶, 성령의 열매는, 사람들의 종교가 자기 의를 주장하는 다른 사람과 대결하는 종교가 되었을 때 사람들이 행동하는 방식을 쉽게 오염시키고 파괴할 수 있는 무자비함과 교만함과 전혀 다르다.

복음서의 이야기들이 묘사하는 예수의 온유하심의 몇몇 사례에 관해 생각해 보라. 다음의 예는 나한테 떠오른 몇 가지 두드러진 사례이지만 여러분은 훨씬 더 많은 예를 생각해낼 수 있을 것이다.

사마리아 여인

요한복음 4장에서 예수께서 우물가의 여인에게 말씀하셨

을 때, 그분의 말씀은 직접적이고 진실하기도 했지만 동시에 놀라울 정도로 온유했다. 그녀에게 다섯 남편이 있었다고 말씀하셨을 때 우리는 흔히 그분의 말씀을 책망으로, 혹은 그녀가 타락하고 난잡한 여자였음을 암시하는 말로 이해하는 경향이 있다. 그녀도 그것이 사실임을 인정했지만, 그런 상황이 반드시 그녀의 부정 때문인 것은 아니었을 수도 있다. 당시 문화에서 이혼은 남성의 특권이었으며, 따라서 그녀는 남성의 착취의 희생자였을 가능성도 있다. 그녀는 다섯 명의 무정한 남자들에게 이용당한 후에 버림을 받아 이제는 결혼하지 않은 상태로 다른 어떤 남자와 함께 살고 있었을 수도 있다. 본문을 통해서는 어떤 상황 때문에 그녀의 결혼 생활이 다섯 차례나 깨지게 되었는지를 알 수 없다. 하지만 그 상황이 무엇이었든지 예수께서는 온유하게 그녀가 그녀에게 가장 필요한 것—하나님의 메시아에게서 흘러나오는 생명의 물과 예수를 통해 '영과 진리로' 누리는 하나님과 바른 관계—을 인정하도록 이끄셨다. 그것이 그토록 온유하고 정중한 대화였다는 사실은 제쳐두더라도 그분이 그녀에게 말을 거셨다는 사실 자체만으로도 돌아온 제자들에게는 충격이었다.

수로보니게 여인

사마리아 여인보다 훨씬 더 환영을 받지 못했던 사람은 마가복음 7장의 수로보니게 여인이었다.

예수께서 일어나사 거기를 떠나 두로 지방으로 가서 한 집에 들어가 아무도 모르게 하시려 하나 숨길 수 없더라. 이에 더러운 귀신 들린 어린 딸을 둔 한 여자가 예수의 소문을 듣고 곧 와서 그 발 아래에 엎드리니 그 여자는 헬라인이요 수로보니게 족속이라. 자기 딸에게서 귀신 쫓아내 주시기를 간구하거늘. _막 7:24~26

처음에는 우리가 예수께서 이방 지역에 가신 이유를 정확히 알 수 없다. 하지만 이야기가 끝날 무렵에는 이 여인과 같은 사람들이 예수를 통해 믿음으로 하나님 나라의 복을 누릴 수 있게 하기 위해서였다고 추측할 수 있게 된다.

물론 처음에는 와서 자신의 딸을 고쳐달라는 그녀의 간구에 대한 예수의 반응이 전혀 온유하게 들리지 않는다. 그분은 그녀에게 "자녀로 먼저 배불리 먹게 할지니 자녀의 떡을 취하여 개들에게 던짐이 마땅치 아니하니라"(막 7:27)라고 말씀하신다.

하지만 문제는 우리가 그분의 말씀을 글로만 읽을 수 있다는 것이다. 우리는 그분의 목소리를 들을 수도 없고 그분의 눈으로 어떤 표정을 짓고 계신지 볼 수도 없다. (그렇게밖에 할 수 없으니) 나는 예수께서 눈을 반짝이시며 말씀하셨다고 상상해본다. 그런 그분의 모습을 보면서 여인은 그분이 자신에게 이렇게 말씀하고 계신다는 것을 알아차렸을 것이다. "나는 유대인이고 너는 이방인이라는 식으로 내가 말할 거란 걸 너도 알고 있겠지. 하지만 그런 대답에 만족하겠느냐? 아니면 다시 나에게 항의하겠느냐?"

그리고 이 여인은 그분의 뜻을 헤아려 탁월한 논리로 대답한다. "주여, 옳소이다마는 상 아래 개들도 아이들이 먹던 부스러기를 먹나이다"(막 7:28). 그녀가 한 말은 이런 뜻이었다. '당신의 말처럼 여기 당신과 함께 있는 유대인들이 나를 이방인 개처럼 생각할지라도 개들은 자녀들을 위한 상 위에 차려진 좋은 음식의 부스러기들을 먹지 않습니까? 어째서 이방인인 내가 메시아이신 당신이 유대인들을 위해 행하시는 바로부터 유익을 얻지 못하겠습니까?'

그리고 물론 그녀의 적극적이며 번뜩이는 재치는 구약성경 전체의 신학적 주제에 정확히 부합했다(그녀가 그것을 알고 있었을 것이라는 말은 아니다). 왜냐하면 그것이 정확히 하나님이 약속하셨던 바였기 때문이다. 하나님은 나머지 열방이 유익을 얻게 하려고 이스라엘을 창조하셨다. 이스라엘을 위한 복을 주신 목적은 세상의 열방이 복을 받게 하고자 함이었다. 바로 그 목적을 위해 예수께서 오셨다. 이 여인은 이스라엘의 성경을 알지 못했지만, 이스라엘을 향한 하나님의 의도와 이스라엘을 통해 이방인을 위해 하나님이 이루고자 하셨던 바에 관해 대단히 정확한 직관을 가지고 있었다.

따라서 내가 생각하기에, 날카롭게 들리는 예수의 말씀은 그 여인의 믿음을 끌어내 모두가 볼 수 있게 하기 위한 온유한 정밀 조사의 일환이었다. 그리고 예수께서는 그녀의 믿음을 알아차리자마자 즉시 그녀의 간구에 응답하신다. 집으로 돌아간 그녀는 귀신이 자신의 딸한테서 떠났고 딸이 이제는 평화롭게 침대 위에 누워 있다는 것을 알게 되었다.

예수의 체포와 재판, 십자가형

　예수의 온유함이 가장 가혹하게 시험을 받은 것은 물론 그분의 체포와 재판, 십자가형을 통해서였다. 체포되실 때 그분은 열두 군단의 천사를 소환해 자신을 보호하게 하실 수도 있

마태복음 26:53~54

너는 내가 내 아버지께 구하여 지금 열두 군단 더 되는 천사를 보내시게 할 수 없는 줄로 아느냐 내가 만일 그렇게 하면 이런 일이 있으리라 한 성경이 어떻게 이루어지겠느냐 하시더라

마태복음 26:63

예수께서 침묵하시거늘 대제사장이 이르되 내가 너로 살아 계신 하나님께 맹세하게 하노니 네가 하나님의 아들 그리스도인지 우리에게 말하라

누가복음 23:34

이에 예수께서 이르시되 아버지 저들을 사하여 주옵소서 자기들이 하는 것을 알지 못함이니이다 하시더라 그들이 그의 옷을 나눠 제비 뽑을새

요한복음 19:26~27

예수께서 자기의 어머니와 사랑하시는 제자가 곁에 서 있는 것을 보시고 자기 어머니께 말씀하시되 여자여 보소서 아들이니이다 하시고 또 그 제자에게 이르시되 보라 네 어머니라 하신대 그 때부터 그 제자가 자기 집에 모시니라

었지만 그렇게 하지 않으셨다(마 26:53~54). 유대인의 법정과 로마인의 법정에서 차례로 재판을 받으실 때 그분은 모든 고발에 대해 분노하며 반박하실 수도 있었지만 대체로 침묵을 지키셨다(마 26:63). 그들이 그분을 십자가에 못 박을 때, 그분은 (예레미야와 몇몇 시편 기자들, 마카베오의 순교자들이 그랬듯이) 자신의 원수들에게 저주가 임하게 하실 수도 있었다. 하지만 그분은 그렇게 하지 않으셨고, 대신 성부께 그들을 용서해 달라고 기도하셨다(눅 23:34). 그리고 십자가 위에 고통을 당하시면서도 그분은 자기 어머니에 대해 걱정하시며 제자 중 한 사람에게 어머니를 돌봐 달라고 당부하셨다(요 19:26~27).

나중에 베드로가 예수의 재판과 십자가형 이야기 전체를 이사야 53장에 기록된, 주의 종이 자신을 처형하는 이들에 대한 반응의 재연으로 이해했다는 것도 전혀 놀랍지 않다.

그러나 선을 행함으로 고난을 받고 참으면 이는 하나님 앞에 아름다우니라. 이를 위하여 너희가 부르심을 받았으니 그리스도도 너희를 위하여 고난을 받으사 너희에게 본을 끼쳐 그 자취를 따라오게 하려 하셨느니라.

'그는 죄를 범하지 아니하시고 그 입에 거짓도 없으시며' 욕을 당하시되 맞대어 욕하지 아니하시고 고난을 당하시되 위협하지 아니하시고 오직 공의로 심판하시는 이에게 부탁하시며.

_벧전 2:20~23

베드로의 회복

그리고 마지막으로 예수께서 부활하신 후 충격적인 실패를 경험했던 베드로를 얼마나 온유하게 회복시키셨는지 생각해 보라. 베드로는 예수를 세 번 부인했으며, 그 때문에 견딜 수 없는 슬픔과 죄책감, 후회를 느꼈을 것이다. 베드로는 틀림없이 자신이 예수께서 신뢰하시는 제자이자 팀의 지도자였던 시절은 끝났으며, 구원이나 회복의 희망도 전혀 없다고 생각했을 것이다. 이제 어떻게 예수를 다시 볼 면목이 있겠는가? 다른 제자들도 자신이 무슨 일을 저질렀는지를 다 들었을 텐데 베드로가 어떻게 다시 그들을 대면할 수 있겠는가?

부활하신 예수께서 아침 시간 호숫가에서 배고픈 제자들을 위해 빵과 고기를 굽게 계실 때 연기와 함께 그런 물음과 고발이 피어올랐을까(요 21장)? 분명히 그랬을 것이다. 그리고 왜 복음서 기자 중 요한만 예수께서 그날 아침 베드로에게 하셨던 말씀을 우리에게 이야기하셨을까? 요한이 그 순간 예수와 베드로 사이의 대화를 기록한 것은 베드로가 예수를 부인할 때 요한이 그 자리에 있었기 때문이라고 나는 확신한다!

요한은 베드로가 예수께서 재판을 받으시던 뜰에 들어갈 수 있었던 것은 "또 다른 제자 한 사람"에게 그를 안으로 들어가게 해줄 친구들이 있었기 때문이라고 기록하고 있다. "또 다른 제자"는 요한 자신임이 거의 확실하다(요 18:15~16). 따라서 요한은 자신이 예수를 따르는 사람 중 한 사람이 아니라고 부인하는 베드로의 충격적인 말을 들었을 것이다. 요한은 지난 3년 동안 예수와 가장 가깝게 지냈던 자신의 가장 친한 친구가 자신은 그 사람을 알지도 못한다고 외치는 말을 들었다! 그는 세 번이나 그렇게 했다. 심지어 예수를 저주했을 수도 있다.[1] 어떻게 요한이 베드로를 다시 믿을 수 있겠는가? 어떻게 이런 일이 있은 후에 베드로가 (요한이 듣고 있는 동안) 예수에 관해 설교하거나 가르칠 수 있겠는가?

따라서 호숫가에서 아침 식사 후 부활하신 예수께서 베드로에게 "네가 나를 사랑하느냐?"라고 **세 차례** 물으셨다고 이야기하는 사람은 바로 요한이다(요 21:15~17). 받아들이기 어

요한복음 18:15~16

시몬 베드로와 또 다른 제자 한 사람이 예수를 따르니 이 제자는 대제사장과 아는 사람이라 예수와 함께 대제사장의 집 뜰에 들어가고 베드로는 문 밖에 서 있는지라 대제사장을 아는 그 다른 제자가 나가서 문 지키는 여자에게 말하여 베드로를 데리고 들어오니

요한복음 21:15~17

그들이 조반 먹은 후에 예수께서 시몬 베드로에게 이르시되 요한의 아들 시몬아 네가 이 사람들보다 나를 더 사랑하느냐 하시니 이르되 주님 그러하나이다 내가 주님을 사랑하는 줄 주님께서 아시나이다 이르시되 내 어린 양을 먹이라 하시고 또 두 번째 이르시되 요한의 아들 시몬아 네가 나를 사랑하느냐 하시니 이르되 주님 그러하나이다 내가 주님을 사랑하는 줄 주님께서 아시나이다 이르시되 내 양을 치라 하시고 세 번째 이르시되 요한의 아들 시몬아 네가 나를 사랑하느냐 하시니 주께서 세 번째 네가 나를 사랑하느냐 하시므로 베드로가 근심하여 이르되 주님 모든 것을 아시오매 내가 주님을 사랑하는 줄을 주님께서 아시나이다 예수께서 이르시되 내 양을 먹이라

려운 질문이었다. 세 번의 물음은 분명히 세 차례의 부인을 떠올리게 했을 것이다. 도저히 견딜 수 없을 정도로 어려웠다. 하지만 동시에 온유했다.

예수께서는 베드로를 책망하지 않으셨고, 다른 제자들 앞에서 그에게 망신을 주지도 않으셨다. 사실 예수께서는 이 질문을 공개적으로 하지도 않으셨던 것 같다. 요한은 예수께서 이 질문을 하시고 베드로가 대답한 후에 베드로가 몸을 돌리니 요한이 따라오는—아마도 두 사람의 대화를 들으면서— 것을 보았다고 기록한다. 다시 말해서, 이 대화는 여전히 다른 모든 사람과 모닥불 곁에 앉아 있는 상태에서가 아니라 걸어가면서 이뤄졌을 것이다. 그리고 이는 아침 식사를 마친 다음의 일이었고, 예수와 베드로 두 사람만 함께 걸으며 이야기를 나누었던 것으로 보인다. 하지만 요한은 바로 뒤에서 따라가며 대화를 엿들었다. 요한은 베드로가 고통스럽게 회개하는 마음으로, 하지만 진심으로 자신이 정말로 예수를 사랑한다고 세 차례 말하는 것을 들었다. 그리고 그것이 바로 예수께서 알고자 하셨던 바였으며, 요한이 들어야 했던 바였다. 그리고 아마도 그래서 요한만 이 사건을 기록했을 것이다.

이렇게 실패자 베드로는 용서받은—예수의 온유하심을 통해—베드로가 되었다. 그리고 사도행전에서 묘사하는 오순절과 그 이후의 베드로의 모습을 근거로 판단할 때 예수께서 그를 온유하게 회복시키신 것은 효과적이었다. 그 후로 베드로는 분명히 온유하고 겸손한 사람이 되었을 것이다.

그리스도인의 삶의 방식인 온유

따라서 예수의 이 모든 가르침과 본보기를 고려할 때 바울이 주변 문화에서 멸시하던 속성이었던 온유와 겸손을 우리 삶 속에서 예수의 영이 일하신다는 가장 중요한 증거로 제시했다는 사실은 전혀 놀랍지 않다. 세상이 **조롱했던** 바로 그것이 우리를 더 **그리스도를 닮게 하는** 덕목이라고 바울은 주장한다.

바울 자신이 본보기를 보였다. 그는 고린도에 있는 교회에게 그들이 꽤나 듣기 어려워할 말을 해야 했지만 먼저 이렇게 말한다. "나 바울은 이제 그리스도의 **온유**와 관용으로 친히 너희를 권하고…"(고후 10:1). 이 장의 나머지 부분을 읽으면서 '이게 바울의 온유한 모습이라면 그가 거칠게 말한다면 과연 어떤 모습일까?'라는 생각이 들지도 모른다. 하지만 이 본문은 바울이 남들을 괴롭히는 교회 지도자가 아니었음을 잘 보여준다. 그는 관계의 치유와 영적 회복을 갈망했으며, 온유가 이 목표에 도달하는 열쇠임을 알고 있었다. 그리고 먼저 온유의 본을 보였다.

그런 다음 바울은 다른 그리스도인들에게 그들이 삶에서 실패하는 것을 볼 때마다 자신의 본보기를 따르라고 말한다. "형제들아, 사람이 만일 무슨 범죄한 일이 드러나거든 신령한 너희는 **온유한 심령으로** 그러한 자를 바로잡고 너 자신을 살펴보아 너도 시험을 받을까 두려워하라"(갈 6:1).

이것이 우리의 교회들과 기독교 단체에서 자주 볼 수 있는 평범한 실천이라면 얼마나 좋겠는가! 안타깝게도 누군가가 어떤 식으로 실패하면 그 사람은 온유하게 회복되기보다는 비판을 받고 거부되는 경우가 더 많다. 적합한 교회의 치리가 이뤄져야 할 때가 있다(물론 모든 교회에서 치리는 실천하기가 대단히 어려운 영역이 되고 말았다). 하지만 그런 치리를 어떤 방식으로 시행하든지, 바울은 온유함으로 행해야 한다고 말한다. 성령으로 충만한(혹은 그렇다고 주장하는) 사람들은 성령의 열매를 보여주어야 하며, 여기에는 실패하거나 넘어진 사람들을 온유하게 대하는—예수께서 그러셨듯이— 것도 포함된다.

바울은 특히 교회의 지도자 역할을 맡은 사람들에게 이렇게 명령한다—지도자들에게는 온유함이 너무나도 절실하게 필요하기 때문이다. "주의 종은 마땅히 다투지 아니하고 모든 사람에 대하여 온유하며 가르치기를 잘하며 참으며 거역하는 자를 온유함으로 훈계할지니 혹 하나님이 그들에게 회개함을 주사 진리를 알게 하실까 하며"(딤후 2:24~25).

이것과 일부 기독교 지도자들의 행동 방식은 얼마나 많이 다른가? 또한 다른 사람들의 블로그에 댓글을 쓰는 사람들은 어떤가? 이들은 싸우기를 좋아하고 불친절하며 분노에 차 있는 경우가 많다. 하지만 목회자와 지도자들이 이런 온유함의 본을 보이지 않는다면 나머지 하나님의 백성이 온유할 것이라고 어떻게 기대할 수 있겠는가?

바울은 더 나아가 이런 온유의 미덕을 우리의 모든 인간관계를 지배하는 일반적인 원리로 삼았다—그것은 단지 지도자들만을 위한 것이 아니다. 바울은 디도에게 그가 맡은 성도들을 이렇게 가르치라고 말한다. "아무도 비방하지 말며 다투지 말며 관용하며 범사에 온유함을 모든 사람에게 **나타낼** 것을 기억하게 하라"(딛 3:2).

안타깝게도 일부 기독교 지도자들을 비롯해 우리 중의 많은 사람에게 이 말씀을 자주 상기시켜줄 필요가 있다. 우리의 나라나 문화 속에서 가장 많은 말을 하며, 가장 활발하게 블로그에 글을 올리고, 가장 유명하며, 가장 책을 많이 내고, 따르는 사람들이 가장 많은 교회 지도자들을 생각해보면, 온유가 마음속에 가장 뚜렷하게 떠오르는가?

분명히 예수께서 얼마나 온유하게 자신을 대하셨는지를 자주 회상했을 베드로는 이것이 특히 우리가 다른 신앙을 가진 사람들과의 관계에서 아직 그리스도인이 아닌 사람과 대화할 때 가장 중요한 덕목이 되어야 한다고 말한다. "너희 마음에 그리스도를 주로 삼아 거룩하게 하고 너희 속에 있는 소망에 관한 이유를 묻는 자에게는 대답할 것을 항상 준비하되 **온유와 두려움으로 하고**"(벧전 3:15).

다시 한번 이렇게 물어야 한다. 이것이 그리스도인들이 다른 이들에게 복음을 전하는 방식의 특징인가? 그리고 우리 문화에서 그리스도인들이 비판이나 도전이나 박해나 조롱에 대응하는 방식에 관해 생각할 때, 그들이 말하고 생각하는 방식의 목록을 작성한다면 '온유와 두려움'을 그 목록의 상위권에

배치하겠는가?

이런 종류의 온유는 어디에서 오는가?

"그것은 성령의 열매입니다"라고 답할 수도 있다. 물론 맞다. 그것은 우리 안에 거하시는 예수의 특징이다. 하지만 실천적이고 현실적인 관점에서 이런 종류의 온유의 가장 깊은 뿌리는 진정한 겸손이다. 그리고 겸손이란 내가 다른 누구보다도 인간적이며 결함이 있고 유혹을 받기 쉬운 존재임을 깊이 자각하는 것을 의미한다. 다른 사람들이 그들의 결함이나 실패를 드러낼 때 우리는 우월감을 느끼거나 공격적인 태도를 취해야 할 이유가 전혀 없다. 우리가 우리 자신의 마음을 알고 있다면 그럴 이유가 전혀 없다.

따라서 다른 누군가가 실수하거나 무언가를 떨어뜨리거나 열쇠를 잃어버리거나 그들이 약속한 무언가를 잊어버리고 행하지 않거나 무언가를 망쳤을 때—이런 일이 언제든지 우리 모두에게 일어나기 마련이다— 그때 나는 갑자기 그들에게 화를 내며 분노에 찬 고발과 비난의 말을 하지 않으려고 노력한다. 나는 그런 본능적인 반응을 제어한다. 왜냐하면 나 스스로 그런 실수를 한 사람이 나일 수도 있다는 것을 되새기기 때문이다. 그리고 그게 나였다면 나는 다른 이들이 나의 어리석음이나 약함이나 실수에 대해 어떤 반응을 보이기를 원하겠는가?

우리가 우리 자신을 정말로 알고 있을 때, 우리의 참모습이 바깥으로 보이는 껍데기 안에 사는 약하고 흠이 많은 존재라는 것을 알고 있을 때, 겸손하기가 훨씬 더 쉬워진다. 자신에 대해 알고 우리의 죄와 실패로부터 우리를 구원하신 하나님의 은총에 대해 감사할 때 우리는 **하나님 앞에서 겸손하고 다른 이들에게 온유할** 수 있다.

하나님이 나에게 온유하고 은혜로우셨다면, 내가 실패했을 때 다른 사람들이 나에게 온유하기를 원한다면, 나도 그들에게 온유할 수 있도록 기도해야 한다. 나 자신이 용서받은 죄인이라면 나도 다른 이들을 용서받은 사람들의 공동체 안으로 맞아들여야 한다. 내 삶과 인간관계 속에서 온유한 성령의 열매가 무르익게 해야 한다.

한 번 더 생각해 보기

❶ 이 장에서 설명한 것 외에 예수께서 행동으로 온유를 보여주신 다른 예로는 어떤 것이 있는가?

❷ 사람들이 다른 이들을 온유하게 대하지 못하는 이유는 무엇인가? 개인적으로 다른 이들을 온유하게 대하기가 가장 어려운 때는 언제이며 왜 그런가?

❸ 하나님의 온유를 설명할 때 목자와 사랑이 넘치는 부모의 은유를 사용한다. 이런 이미지들은 우리 삶 속에서 온유를 실천하고 하나님의 온유를 반영하는 삶을 살기 위해 노력하는 데에 어떤 도움을 줄 수 있는가?

Self-Control

절제 *Self-Control*

이제 바울이 말하는 성령의 열매의 마지막 덕목인 절제에 관해 살펴볼 차례다. 이 말은 성령의 열매 직전에 언급된 '육체의 일'을 떠올리게 한다.

> 육체의 일은 분명하니 곧 음행과 더러운 것과 호색과 우상 숭배와 주술과 원수 맺는 것과 분쟁과 시기와 분냄과 당 짓는 것과 분열함과 이단과 투기와 술 취함과 방탕함과 또 그와 같은 것들이라 전에 너희에게 경계한 것 같이 경계하노니 이런 일을 하는 자들은 하나님의 나라를 유업으로 받지 못할 것이요.
> _갈 5:19~21

바울이 열거한 행위 중 다수는 통제되지 않은 인간 본성, 가장 나쁜 죄악된 인간 본성을 보여준다. 이런 종류의 통제되지 않은 삶으로 인해 사람은 자기 탐닉과 성적 만족, 교만, 폭식 등에 빠지게 된다. 절제는 이런 종류의 죄악된 행동의 정반대다.

아마도 이 사실은 절제가 성령의 열매 중에서 유일하게 그와 짝을 이루는 하나님의 속성이 존재하지 않는 덕목인 까닭일 것이다. 왜냐하면 하나님은 그분 안에 있는 죄악된 경향에 대해 절제할 필요가 없으시기 때문이다. 하나님은 악한 욕망을 제어해야 할 필요가 없으시다. "하나님은 빛이시라. 그에게는 어둠이 조금도 없으시다"라고 요한은 말했다(요일 1:5). 하나님은 절대 악의 유혹을 받지 않으신다. 따라서 그런 의미(악한 욕망에 대한 절제)에서 이것은 하나님의 속성이 아니다.

지금까지 각 장에서 바울이 말하는 성령의 열매의 각 덕목을 살펴보면서 우리는 각 덕목이 하나님의 모습을 어떻게 반영하는지를 보았다. 하나님의 사랑과, 주의 기쁨(희락), 하나님의 평화(화평), 하나님의 인내(오래 참음)와 자비, 선하심(양선), 신실하심(충성), 온유에 관한 성경의 가르침을 쉽게 떠올릴 수 있다. 하지만 이 마지막 덕목에 관해서 우리는 절제가 우리에게 필요한 어떤 것임을—하나님이 행하시는 무언가가 아니라— 인정해야만 한다.

그렇다면 왜 이것이 성령의 열매에 포함되어 있을까? 물론 성령께서 우리 안에서 행하시는 일 중 하나가 우리가 우리의 죄악된 욕망을 제어할 능력을 주는 것이다. 이는 우리가 이 땅에서 살아가는 동안 완전을 이루고 절대로 넘어지거나 실패하지 않을 것이라는 뜻이 아니다. 물론 그렇지 않다. 하지만 이것은 바울이 우리에게 가르치듯이 우리 몸이 성령의 전이며, 따라서 우리는 우리 안에 사시는 성령께 우리를 통제해 달라고 간구함으로써 우리 자신을 통제하는 법을 배워야 한다는 것을 우리가 기억한다는 뜻이다. 결론에서 바울이 "성령으로 산다"는 말의 의미를 어떻게 설명하는지를 더 자세히 살펴볼 것이다.

베드로후서의 첫머리에 바울이 말하는 성령의 열매와 비슷한 목록이 등장한다. 거기서는 절제를 우리가 그리스도와의 관계에 있어서 성숙해감에 따라 하나님의 능력과 약속에 반응하여 우리의 믿음에 추가하려고 노력해야 하는 성품 중 하나로 제시한다.

> 그러므로 너희가 더욱 힘써 너희 믿음에 덕을, 덕에 지식을, 지식에 **절제¹⁾**를, 절제에 인내를, 인내에 경건을, 경건에 형제 우애를, 형제 우애에 사랑을 더하라. 이런 것이 너희에게 있어 흡족한즉 너희로 우리 주 예수 그리스도를 알기에 게으르지 않고 열매 없는 자가 되지 않게 하려니와 이런 것이 없는 자는 맹인이라 멀리 보지 못하고 그의 옛 죄가 깨끗하게 된 것을 잊었느니라. _벧후 1:5~9

앞에서 우리는 아리스토텔레스가 온유의 미덕에 관해 그다지 긍정적으로 말하지 않았으며 그와 밀접하게 연관된 겸손은 고대 그리스와 로마 세계에서 아예 미덕으로 여기지 않았음을 살펴보았다. 그러나 덕과 윤리에 관해 방대한 저술을 남긴 아리스토텔레스는(갈 5:23에서 바울이 사용한 것과 같은 단어를

갈라디아서 5:23

온유와 절제니 이같은 것을 금지할 법이 없느니라

사용하면서) 이 덕목—절제—은 높이 평가했다. 아리스토텔레스에게 이 단어는 강력한 열정을 지니면서도 이를 제어할 수 있는 능력을 뜻했다. 덕스러운 사람은 무언가에 관해 매우 강한 생각과 느낌을 가지고 진정한 열정을 지닐 수 있다. 하지만 이 덕목은 그것을 통제할 수 있음을 뜻한다. 그럴 때 한 사람의 열정의 모든 에너지는 좋은 목적에 이바지하고 이기적이거나 파괴적인 결과로 귀결되지 않을 것이다.

아리스토텔레스는 내가 우간다에서 보았던 큰 거리 광고판의 메시지에 동의했을 것이다. 그것은 타이어 광고였고 거대한 광고판을 가득 채우고 있었다. 거대한 검은 주먹이 거의 3차원적으로 배경에서 보는 사람의 얼굴을 향해 튀어나오는 인상적인 (그리고 다소 위협적인) 그림이 그려져 있었다. 하지만 그림 아랫부분에는 아래를 향한 손가락 관절이 네 개의 거대한 타이어—큰 트럭에 달려 있는 트레드가 깊은 대형 타이어— 모양으로 바뀌어 있었다. 그림 아래에는 이런 메시지가 적혀 있었다. **"통제되지 않은 능력은 아무것도 아니다."** 트럭 엔진에서 거대한 힘과 에너지가 나올 수도 있다. 하지만 "고무가 길바닥과 만나는 지점에서" 그것이 제어되지 못한다면 그 힘은 매우 위험한 것이 될 수도 있다. 힘이 안전한 것이 되기 위해서는 제어되어야만 한다.

그리고 바울도 아리스토텔레스에게 동의했을 것이다. 우리는 통제해야 할 강력한 충동과 열정이 있다. 하지만 우리의 특정한 열정이 우리의 타락하고 죄악된 본성의 일부라면 그것을 어떻게 통제할 수 있을까? 우리 자신의 힘으로 그것을 성공적으로 통제할 능력이 우리 안에는 없다. 아리스토텔레스가 절제를 덕목으로 계발하라고 권한 것처럼 절제하려고 노력할 수도 있다. 하지만 아리스토텔레스는 죄의 본질에 대해 고려하지 않았다.

죄는 우리가 지닌 최선의 의도에 반대 작동하는 힘이 있으며, 매우 빨리 통제에서 벗어나 우리를 마음대로 조종한다. 바울은 죄와 육신의 힘을 너무나도 잘 알고 있었으며, 그것을 제어하기에 충분한 유일한 힘은 성령이심을 알고 있었다. 따라서 그는 성령의 열매를 구성하는 이 마지막 요소를 덧붙였다. 성령께서 우리 안에서 행하시는 일 중 하나는, 여전히 우리 안에 잠복하고 있는 죄악된 욕망과 충동을 제어하게 하시는 것이다. 절제를 위해서는 분명히 의지에 의한 노력이 필요하다. 하지만 그것은 하나님의 성령에 영감을 주시고 능력을 주심으로써 우리가 행하는 노력이며, 그럴 때 그분의 뜻이 우리의 뜻 안에서 열매를 맺게 된다.

우리가 무엇을 통제해야 하는가에 관해 바울이 염두에 둔(분명히 유일한 것은 아니지만) 주된 것은 아마도 성적 욕망일 것이다. 그가 제시한 '육체의 일'의 목록은 음행으로부터 시작되며, 다른 여러 곳에서도 바울은 이것을 그리스도인들이 철저히 버려야 할 죄악된 행동으로 꼽는다(예를 들어, 고전 5:9~11, 엡 5:3~7, 골 3:5~10).

만약 우리가 바울에게 성경에서 예를 들어달라고 부탁한다면, 아마도 그는 요셉을 언급할 것이다. 요셉은 이집트에서 자신의 주인인 보디발의 모든 일을 관장할 책임을 맡고 있었다. 엄밀히 말해서 그는 여전히 노예였지만 성공의 자리에 올랐

고린도전서 5:9~11

내가 너희에게 쓴 편지에 음행하는 자들을 사귀지 말라 하였거니와 이 말은 이 세상의 음행하는 자들이나 탐하는 자들이나 속여 빼앗는 자들이나 우상 숭배하는 자들을 도무지 사귀지 말라 하는 것이 아니니 만일 그리하려면 너희가 세상 밖으로 나가야 할 것이라 이제 내가 너희에게 쓴 것은 만일 어떤 형제라 일컫는 자가 음행하거나 탐욕을 부리거나 우상 숭배를 하거나 모욕하거나 술 취하거나 속여 빼앗거든 사귀지도 말고 그런 자와는 함께 먹지도 말라 함이라

에베소서 5:3~7

음행과 온갖 더러운 것과 탐욕은 너희 중에서 그 이름조차도 부르지 말라 이는 성도에게 마땅한 바니라 누추함과 어리석은 말이나 희롱의 말이 마땅치 아니하니 오히려 감사하는 말을 하라 너희도 정녕 이것을 알거니와 음행하는 자나 더러운 자나 탐하는 자 곧 우상 숭배자는 다 그리스도와 하나님의 나라에서 기업을 얻지 못하리니 누구든지 헛된 말로 너희를 속이지 못하게 하라 이로 말미암아 하나님의 진노가 불순종의 아들들에게 임하나니 그러므로 그들과 함께 하는 자가 되지 말라

골로새서 3:5~10

그러므로 땅에 있는 지체를 죽이라 곧 음란과 부정과 사욕과 악한 정욕과 탐심이니 탐심은 우상 숭배니라 이것들로 말미암아 하나님의 진노가 임하느니라 너희도 전에 그 가운데 살 때에는 그 가운데서 행하였으나 이제는 너희가 이 모든 것을 벗어 버리라 곧 분함과 노여움과 악의와 비방과 너희 입의 부끄러운 말이라 너희가 서로 거짓말을 하지 말라 옛 사람과 그 행위를 벗어 버리고 새 사람을 입었으니 이는 자기를 창조하신 이의 형상을 따라 지식에까지 새롭게 하심을 입은 자니라

다. 그는 그 정도 지위에 오른 많은 남자가 마치 정당한 보상이기라도 한 것처럼 성적인 자유를 만끽할 수 있는 시점에 이르렀다. 그리고 노예 소녀를 통해서가 아니라 보디발의 아내를 통해서 그에게 그런 유혹이 찾아왔다.

> 요셉은 용모가 빼어나고 아름다웠더라. 그 후에 그의 주인의 아내가 요셉에게 눈짓하다가 동침하기를 청하니 요셉이 거절하며 자기 주인의 아내에게 이르되, "내 주인이 집안의 모든 소유를 간섭하지 아니하고 다 내 손에 위탁하였으니 이 집에는 나보다 큰 이가 없으며 주인이 아무것도 내게 금하지 아니하였어도 금한 것은 당신뿐이니 당신은 그의 아내임이라. 그런즉 내가 어찌 이 큰 악을 행하여 하나님께 죄를 지으리이까?" 여인이 날마다 요셉에게 청하였으나 요셉이 듣지 아니하여 동침하지 아니할 뿐더러 함께 있지도 아니하니라.
> 그러할 때에 요셉이 그의 일을 하러 그 집에 들어갔더니 그 집 사람들은 하나도 거기에 없었더라. 그 여인이 그의 옷을 잡고 이르되, "나와 동침하자!" 그러나 요셉이 자기의 옷을 그 여인의 손에 버려두고 밖으로 나가매. _창 39:6~12

이 짧은 이야기에서 우리는 요셉의 절제뿐 아니라 그가 절제한 강력한 이유에 관해서도 알 수 있다. 첫째, 그는 주인의 신뢰를 저버리지 않으려고 했다(그 때문에 그는 충성의 본보기이기도 하다). 하지만 무엇보다도 그는 하나님께 죄를 짓지 않으려고 했다. 지금까지 창세기 저자는 요셉의 삶의 여러 가지 부침 속에서도 하나님이 그와 함께하셨다고 이야기했다. 따라서 우리는 이 시점에서 요셉이 성령의 열매의 본보기를 보여주고 있다고 주장할 수 있다. 왜냐하면 그의 절제는 단지 그 자신이 가지고 있는 힘의 문제가 아니라 그의 삶 속에서 그가 하나님을 얼마나 지각하고 있는지를 보여주기 때문이다.

반대되는 예로는 훨씬 더 길고 훨씬 더 슬픈 다윗의 이야기를 생각해볼 수 있다. 밧세바가 목욕하는 것을 본 후 절제를 잃어버린 결과로 그는 간음을 저질렀을 뿐 아니라 속임수와 계획적인 살인이라는 점점 더 깊어지는 곤경에 빠지고 말았다. 그리고 비록 회개하고 하나님의 용서를 경험하기는 했지만, 절제를 상실했기에 자신의 가족에 대한 도덕적 통제도 상실하고 말았다. 특히 그의 두 아들 암논과 압살롬은 아버지의 성적인 죄를 더 크게 확대했으며 결국에는 그들 자신을 파괴하고 말았다(사무엘하 11~17장에서 이 이야기를 다룬다).

하나님이 성을 위해 베푸신 선한 환경(결혼) 바깥에서 이뤄지는 성적 행위와 관계에 대한 유혹은 여전히 매우 강하며 어느 시대에나 우리 모두에게 강력한 원수로 남아 있다. 우리는 실제로 행함으로써든, 우리의 생각과 상상을 통해서든, 포르노그래피나 다른 방식을 통해서든, 이것이 얼마나 위험한 원수인지를 깨달아야 한다. 물론 성적 유혹은 남자와 여자 모두를 겨냥하지만, 남자에게 특히나 강력한 유혹이라는 점에는 의심할 나위가 없다(남자로서 나는 이렇게 말할 수 있다. 이것이 진실이라는 것을 알고 있기 때문이다).

제어되지 않은 남성의 욕망과 성적 무정부 상태 때문에 인간이 겪는 놀라울 정도의 고통은 상상을 초월한다. 세계 곳곳에서 헤아릴 수 없을 정도로 많은 여성과 어린 소녀, 소년들이 강간범과 성매매 알선업자, 인신매매범, 소아성애자, 성적 학대자, 폭력적인 남편, 간음을 저지르는 평범한 사람들 때문에 고통을 당하고 있다. 현대 세계에서 우리가 목격하는 정도는 아닐지 모르지만, 바울의 시대에도 이런 일들이 일어나고 있었다. 따라서 바울이 그리스도인들에게 이런 관행에 절대로 연루되지 말아야 한다고 말할 때 그는 강력히 대항문화적인 입장을 취하고 있는 것이다. 그리고 성령의 능력으로 절제를 실천할 때만 그럴 수 있다.

우리 중 어떤 형태로든 기독교 지도자 역할을 하는 사람—목회자, 선교사, 청소년 사역자, 신학 교사—은 다른 어떤 사람들보다 바울의 이러한 가르침에 귀를 기울일 필요가 있다. 왜냐하면 우울할 정도로 자주 성적인 죄에 빠지도록 유혹되며, 이로 인해 때로는 하나님이 그들에게 맡기신 사역이 파괴되기도 하기 때문이다. 물론 참된 회개가 있을 때마다 은총과 용서가 있다. 우리는 깨끗하게 하는 그리스도의 보혈의 능력과 속량하며 회복시키는 놀라운 복음의 진리를 알고 있다. 하지만 인간적인 차원에서는 이미 가해진 피해를 돌이킬 수 없을지도 모르고, 세상에서 그리스도의 이름으로 가해진 피해는 하나님께는 슬픔이며 교회에게는 수치다. 그리고 너무나도 많은 경우, 안타깝게도 너무나 자주 최악의 추문이 순간적으로 절제를 상실한 것으로부터 시작된다. 혹은 오랜 시간에 걸쳐 자신의 눈과 상상력에 대한 절제를 서서히 상실하여, 마침내 갈망했지만, 생각조차 할 수 없었던 행동의 가능성이 열리고 이를 실행함으로써 그런 추문이 시작된다.

하지만 어쩌면 우리는 특정한 형태의 유혹(성적 부도덕)을 잘 통제할 수 있게 되었다고 생각하는 지점에 이르렀을지도 모른다. 어쩌면 삶과 사역의 상황 때문에 성적인 죄에 빠질 유혹이나 기회를 접할 가능성이 희박할지도 모른다. 하지만 "그런즉 선 줄로 생각하는 자는 넘어질까 조심하라"(고전 10:12)라는 경고 외에도 바울이 제시하는 목록은 우리에게 "육신," 즉 우리의 타락한 인간 본성은 수많은 다른 욕망과 성향, 나쁜 습관, 덫과 유혹에 노출되어 있으며, 우리가 성령의 도움으로 절제하지 않는다면 이런 유혹에 넘어가고 말 것을 상기시킨다. 이 장의 첫머리에 있는 그 목록을 다시 살펴보라.

바울은 **음행**으로 시작해서 **방탕함**으로 마무리한다. 어쩌면 방탕함에 가담할 활력을 가지고 있기는커녕 어디에서 방탕함을 발견할 수 있을지 상상조차 할 수 없을지도 모른다. 여러분은 화를 통제하고 있는가? 바울은 이 목록에 **분냄**을 포함했다. 나는 다른 이들에게 심하게 화를 내며 자신의 직원들에게 고함을 지르는 것으로 악명 높은, 나이가 많은 몇몇 기독교 지도자들을 알고 있다. 이런 순간에 그들의 절제는 어디로 사라져버린 것일까?

여러분의 식욕은 어떤가? 그것을 통제하고 있는가? 우리는 좋은 음식을 하나님이 베푸신 복으로 감사히 즐길 수 있다. 하지만 술 취함과 폭식은 성경이 정죄하는 죄에 속한다.

여러분은 다른 이들에 대한 태도를 통제하고 있는가? 다른 이들이 무언가를 잘하거나 여러분 자신이 원하는 것을 갖게 될 때 여러분은 질투와 시기, 이기적인 야심의 충동을 통제할 수 있는가?

여러분은 시간을 (가능한 한) 통제하고 있는가? 아니면 게으름과 자기 규율의 결핍으로 인해 많은 시간을 허비하고 있는가?

그리고 가장 절제하기 힘든 것은 어쩌면 여러분의 혀일 것이다. (이것이 분쟁이나 분열함과 연관이 있기는 하겠지만) 바울은 여기서 구체적으로 이것을 언급하지 않는다. 하지만 그는 혀가 초래할 수 있는 피해나 그것을 통제해야 할 필요성을 매우 강조했던 야고보의 말에 분명히 동의했을 것이다.

> 우리가 말들의 입에 재갈 물리는 것은 우리에게 순종하게 하려고 그 온 몸을 제어하는 것이라. 또 배를 보라 그렇게 크고 광풍에 밀려가는 것들을 지극히 작은 키로써 사공의 뜻대로 운행하나니 이와 같이 혀도 작은 지체로되 큰 것을 자랑하도다. 보라, 얼마나 작은 불이 얼마나 많은 나무를 태우는가. 혀는 곧 불이요, 불의의 세계라. 혀는 우리 지체 중에서 온 몸을 더럽히고 삶의 수레바퀴를 불사르나니 그 사르는 것이 지옥

불에서 나느니라.

여러 종류의 짐승과 새와 벌레와 바다의 생물은 다 사람이 길들일 수 있고 길들여 왔거니와 혀는 능히 길들일 사람이 없나니 쉬지 아니하는 악이요, 죽이는 독이 가득한 것이라.

이것으로 우리가 주 아버지를 찬송하고 또 이것으로 하나님의 형상대로 지음을 받은 사람을 저주하나니 한 입에서 찬송과 저주가 나오는도다. 내 형제들아 이것이 마땅하지 아니하니라. _약 3:8~10

"그래서는 안 된다"고 야고보는 말한다. 하지만 안타깝게도 그런 경우가 많다. 우리의 혀를 사용함에 있어서 절제가 부족해 그리스도인의 공동체 안에 피해를 초래하는 경우가 많다. 그리고 이는 우리가 입으로 하는 말뿐만 아니라 이메일이나 블로그, 댓글에 쓰는 말에도 적용될 수 있다. 일부 그리스도인들이 주고받는 대화를 하거나 서로에 관해 말할 때 사용하는 언어가 수치스러운 경우가 적지 않다. 그리스도인의 의사소통에 있어서 성령의 열매인 절제를 실천하는 것이 절실하게 필요하다.

말하기와 글쓰기가 기독교 지도자의 중요한 활동이기에 바울이 장로와 감독이라고 부른 기독교 지도자들의 필수적인 자질로서 절제를 강조한 것은 놀랍지 않다.

감독은 하나님의 청지기로서 책망할 것이 없고 제 고집대로 하지 아니하며 급히 분내지 아니하며 술을 즐기지 아니하며 구타하지 아니하며 더러운 이득을 탐하지 아니하며 오직 나 그네를 대접하며 선행을 좋아하며 신중하며 의로우며 거룩하며 **절제하며**. _딛 1:7~8

누군가가 자신과 자신의 말이나 행동을 통제할 수 없다면 어떻게 그 사람에게 교회 안에서 적절하고 거룩한 '통제력'을 행사할 책임을 맡길 수 있겠는가?

그리고 혹시라도 우리 중에서 나이가 더 많은 사람이 절제를 실천해야 할 사람은 특히 젊은이라고 생각하는 경우가 있다면 디도서 2장 2~8절을 읽어 보라. 바울이 얼마나 자주, 어떤 부류의 사람들에게 절제에 관해 말하고 있는지 살펴보라.[2]

늙은 남자로는 **절제하며** 경건하며 신중하며 믿음과 사랑과 인내함에 온전하게 하고, 늙은 여자로는 이와 같이 행실이 거룩하며 모함하지 말며 많은 술의 종이 되지 아니하며 선한 것을 가르치는 자들이 되고, 그들로 젊은 여자들을 교훈하되 그 남편과 자녀를 사랑하며 **신중하며** 순전하며 집안 일을 하며 선하며 자기 남편에게 복종하게 하라. 이는 하나님의 말씀이 비방을 받지 않게 하려 함이라.

너는 이와 같이 젊은 남자들을 **신중하도록** 권면하되, 범사에 네 자신이 선한 일의 본을 보이며 교훈에 부패하지 아니함과 단정함과 책망할 것이 없는 바른 말을 하게 하라. 이는 대적하

는 자로 하여금 부끄러워 우리를 악하다 할 것이 없게 하려 함
이라. _딛 2:2~8

바울은 절제가 특히 젊은이들에게 필요한 것으로 생각하지
않는다. 그는 절제가 모든 **나이**에 속한 사람들—젊은이들과 늙
은이들—, 두 성 모두에 속한 사람들—남성과 여성—이 가르치고
실천해야 할 덕목이라고 지혜롭게 말한다. 그것은 나머지 성
령의 열매처럼 온 교회가 갖추어야 한다.

이렇게 바울이 설명하는 성령의 열매는 완전한 원을 그리
게 된다. 그는 외부적으로 다른 이들을 향한 우리의 생각과 행
동을 정향하는 덕목인 사랑으로부터 시작했다. 그리고 우리
자신의 유익과 다른 이들의 유익을 위해 내부적으로 우리의
생각과 행동을 정향하는 덕목인 절제로 마무리한다. 그리고
아마도 바울은 이렇게 다소 부정적이지만 필수적인 절제를
실천하고 성령에 의해 규율된 방식으로 살지 않는다면 우리
가 나머지 성령의 열매도 맺을 수 없을 것을 염두에 두고 있었
을 것이다.

한 번 더 생각해 보기

❶ 우리 문화에서는 절제의 결여가 흔히 어떤 형태로 나타나는가? 어떤 점에서 그리스도인들도 같은 유혹을 받고 있는가?

❷ 당신의 삶에서 더 많은 절제가 필요하다고 생각하는 영역은 무엇인가? 이러한 성령의 열매를 기르기 위해서 우리는 영적으로, 실천적으로 어떤 조치를 취해야 할까?

❸ 성경의 가르침, 본보기를 통해서 바울이 앞의 본문(딛 2:2~8)에서 디도에게 명령했던 바를 실천할 수 있는 구체적인 방식을 생각해 보라.

에
필
로
그

이제 바울이 가르친 성령의 열매의 탁월한
덕목들에 관한 공부를 마무리할 때가 되었다. 우리는 서론에
서 모든 그리스도인을 향한 하나님의 갈망은 그들이 점점 더
예수를 닮아가는 것임을 떠올림으로써 이 공부를 시작했다.
그리고 그렇게 그리스도를 닮아가는 핵심적인 방법의 하나는
성령의 열매를 기르는 것이다.

우리는 존 스토트가 하나님께 날마다 자신의 삶에서 성령
의 열매가 무르익도록 해달라고 기도했다는 것을 보았다. 하
나님은 그 기도에 응답하셨고 존의 삶과 성품은 그를 아는 모
든 사람에게 그리스도를 닮은 사람의 본보기를 보여주었다.
존 스토트가 설립한 랭엄 파트너십(Langham Partnership)의 지
속적인 비전을 형성한 그의 위대한 야심은 세계 전역의 그리

스도인과 교회들이 성숙해지고 그리스도를 닮아감으로써 변화되어 세상 안에서 그들의 사역을 더 효과적으로 감당하게 하는 것이었다.

더 나아가 존 스토트는 영적 성숙과 그리스도를 닮아가는 삶이 성령의 열매일 뿐만 아니라 우리의 삶에 깊이 뿌리를 내리는 하나님의 말씀의 열매이기도 하다고 주장했다. 성령께서 성경에 영감을 불어넣으셨기에 그분이 성령을 사용해 우리 안에 열매가 자라고 익어가게 하시는 것은 너무나도 당연하다.

따라서 이것이 이 책의 결론적인 메시지가 되어야 한다. 성경으로 돌아가 날마다 성경을 공부하자. 설교가 하나님이 우리에게 주신 소명이라면 성경으로 돌아가 신실하게 설교하자. 그리고 이 책을 마무리하면서 지금 우리가 해야 하는 일도 바로 그것이다. 우리는 바울이 성령의 열매를 열거하는 두 절을 그 문맥으로부터 격리해서는 안 되기 때문이다.

서론에서 우리는 바울이 갈라디아의 그리스도인들에게 보낸 편지의 배경과 상황에 관해 살펴보았다. 이제 결론에서는 본문으로 돌아가 바울이 성령의 열매를 열거한 직후에 말한 세 가지 내용을 살펴봄으로써 이 책을 마무리할 필요가 있다. 핵심 구절을 다시 인용해 보겠다.

갈라디아서 5:22~25
22 오직 성령의 열매는 사랑과 희락과 화평과 오래 참음과 자

비와 양선과 충성과

23 온유와 절제니 이같은 것을 금지할 법이 없느니라.

24 그리스도 예수의 사람들은 육체와 함께 그 정욕과 탐심을
십자가에 못 박았느니라.

25 만일 우리가 성령으로 살면 또한 성령으로 행할지니.

"이같은 것을 금지할 법이 없느니라" (갈 5:23)

바울이 이 목록의 맨마지막에 이런 말을 덧붙인 것은 매우
이상하게 보인다. 우리는 "물론 아니죠! 자비에 반대하는 법
을 통과시킬 수는 없습니다! 사랑과 희락, 화평을 금지하는
법은 존재하지 않습니다!"라고 외치고 싶은 마음이 들지도 모
른다. 그렇다면 바울은 어떤 의미로 이렇게 말하고 있는가?
그는 너무나도 명백해서 아무도 반대할 수 없는 말을 하고 있
을 뿐인가?

바울은 (앞에서 여러 번 인용했듯이 윤리와 덕에 관해 많은 저술을
남긴) 아리스토텔레스가 했던 격언을 인용하고 있을 가능성이
높아 보인다. 어떤 글에서 아리스토텔레스는 덕스러운 사람
의 여러 속성에 관해 논한 다음 바울이 여기서 사용하는 것과
동일한 헬라어 단어들을 사용했다(그래서 학자들은 바울이 격언
처럼 그의 말을 의도적으로 인용하고 있다고 생각한다). 그리고 많은
주석가들은 우리의 성경에서 '금지할'이라고 번역한 단어(헬

라어 카타)를 '관하여'나 '관련해서'라고 번역하는 편이 더 낫다고 생각한다.

다시 말해서, 바울(과 아리스토텔레스)은 이와 비슷한 말을 하고 있다. "이런 것들에 관해서는 법이 없다."[1] 즉 이런 속성들은 성품의 덕목이다. 사람들이 이렇게 행동하게 하기 위해 법을 제정할 수는 없다. 사람들은 그렇게 행동하라고 강요하는 법이 존재하기 때문이 아니라 그들의 됨됨이 때문에 이런 것들을 행할 것이다. 여기서 법은 별로 상관이 없다.

따라서 바울은 (모세의) 율법과 성령에 관해 복잡하게 논하면서 사실상 이렇게 말하고 있는 셈이다. "이런 것들이 성령께서 우리 안에 거하시면서 우리 삶 속에 열매처럼 만들어내실 몇몇 특징적인 속성들이다. 이런 것들은 입법과 다르다. 이런 종류의 삶은 절대 법의 문제가 아니다. 이렇게 그리스도를 닮은 성품은 율법에 복종함으로써가 아니라 믿음으로 **그리스도께** 복종하고 그분의 **성령**의 능력과 인도하심에 따라 살아감으로써 생겨나는 것이다."

따라서 처음에 이야기했듯이 성령의 열매는 **성품**의 문제다. 바울이 열거하는 태도와 행동은 우리가 지키는 규칙으로부터가 아니라 **우리의 됨됨이**로부터 나온다. 더 구체적으로 말하

갈라디아서 4:19

나의 자녀들아 너희 속에 그리스도의 형상을 이루기까지 다시 너희를 위하여 해산하는 수고를 하노니

자면, 이런 방식의 삶은 우리가 점점 더 그리스도를 닮은 사람으로 변함에 따라 **우리가 갖추어가는 됨됨이**로부터 나온다. 그보다 더 구체적으로 말하자면, 그런 행동은 그리스도께서 우리 안에서 형성됨에 따라 **우리 안에 거하시는 그분**으로부터 나오며(갈라디아서 4장 19절을 떠올려 보라), 그리스도의 영은 우리의 삶 속에서 그분의 열매를 맺으신다.

그리고 이 점(이것이 일군의 규칙을 지키는 것에 관한 문제가 아니라 성품의 문제라는 것)은 '열매'라는 단어가 단수인 이유이기도 하다. 바울은 아홉 덕목을 열거한다. 하지만 이 모든 것이 단일한 열매로 뭉쳐진다. 어쩌면 이 덕목들은 포도송이보다는 오렌지 안에 있는 여러 조각에 비유할 수 있다. 이 아홉 속성은 여러분이 몇 가지는 택하고 나머지는 무시할 수 있는 메뉴가 아니다. 마치 몇 개만 확인을 받으면 나머지는 확인을 받지 못해도 통과했다는 표시를 받을 수 있는 체크 박스가 아니다.

고린도전서 12:4~11

은사는 여러 가지나 성령은 같고 직분은 여러 가지나 주는 같으며 또 사역은 여러 가지나 모든 것을 모든 사람 가운데서 이루시는 하나님은 같으니 각 사람에게 성령을 나타내심은 유익하게 하려 하심이라 어떤 사람에게는 성령으로 말미암아 지혜의 말씀을, 어떤 사람에게는 같은 성령을 따라 지식의 말씀을, 다른 사람에게는 같은 성령으로 믿음을, 어떤 사람에게는 한 성령으로 병 고치는 은사를, 어떤 사람에게는 능력 행함을, 어떤 사람에게는 예언함을, 어떤 사람에게는 영들 분별함을, 다른 사람에게는 각종 방언 말함을, 어떤 사람에게는 방언들 통역함을 주시나니 이 모든 일은 같은 한 성령이 행하사 그의 뜻대로 각 사람에게 나누어 주시는 것이니라 그렇게 생각하는 사람은 이렇게 말할지도 모른다.

> "자, 나는 갑자기 화를 낼 때도 있다는 것을 인정합니다. 하지
> 만 기쁨은 충분히 가지고 있습니다!"
> "나는 사람들을 거칠고 날카롭게 대할 때도 있기는 하지만 꽤
> 나 믿을 만한 사람입니다."

아니다. 성령의 열매는 단일한 성품의 꾸러미다. 성령의 열매는 성령의 은사와 같지 않다. 성령의 은사는 하나님의 백성에게 고루 나눠져 있어서 어떤 은사는 어떤 사람들에게 주어졌고 다른 은사는 다른 사람들에게 주어졌지만 모든 은사가 그리스도의 몸 안에 있다(고전 12:4~11). 성령의 열매는 한 그리스도인의 삶 안에서 통일성과 총체성, 균형을 이루며 함께 자란다. 한 열매의 모든 조각이 힘을 합쳐 서로를 강화한다.

따라서 마지막으로 바울은 성령의 열매에 관한 자신의 아름다운 진술을 마무리하기 위해, 또한 자신이 펼친 주장에 대한 결론으로서 갈라디아서 5장 24절에서 **부정적인** 명령을, 25절에서 **긍정적인** 명령을 제시한다.

우리는 육신에 대해 "아니오"라고 말해야 한다

(갈 5:24)

"그리스도 예수의 사람들은 육체와 함께 그 정욕과 탐심을 십
자가에 못 박았느니라."

이것은 매우 강력한 말이다. 또한 단호하다. 바울은 과거 시
제—"십자가에 못 박았느니라"—로 글을 쓰고 있다. 이것은 명령
이라기보다는 현실에 대한 진술이다. 바울은 우리에게 이렇
게 말한다. "이것이 바로 여러분의 삶을 예수께 드렸을 때 여
러분이 따르겠다고 결단했던 바입니다. 여러분은 죽었습니
다! 여러분은 그 죄악된 본성—육체—을 십자가에 못 박았습니
다."

물론 바울의 말은 우리가 더 이상 죄악된 욕망을 가지고 있
지 않거나 더 이상 실제로 죄를 짓지 않는다는 뜻이 아니다.
그런 종류의 죄가 없는 완전은 신약이 우리의 현재 삶에 관해
가르치는 바가 아니다. 우리는 은총에 의해 구원을 받은 죄인
들이지만, 여전히 이 세상 속에서 유혹에 둘러싸여 때로는 넘
어지고 실패하며 하지만 꾸준히 배우고 자라며 살아간다. 우
리는 죄와 유혹으로부터 완전히 자유롭게 되기를 고대하지
만, 이는 우리가 새 창조 안에서 그리스도와 더불어 살 때만
가능하다.

그럼에도 불구하고 우리가 날마다 실천하도록 부르심을 받

은 의지와 선택의 행동이 있다. 그 결정적인 과거의 사실—"육체 … 를 십자가에 못 박았느니라"—이 날마다 나타나는 현재의 의도로 전환되어야 한다. 물론 이 역시도 은총과 감사의 문제라는 점을 즉시 덧붙여야 한다. 이는 율법주의나 우리의 선한 행위로 하나님의 호의를 획득하는 것과는 아무 관계가 없다. 그런 종류의 생각은 바울이 우리에게 가르치는 모든 것과 전적으로 모순된다.

그렇다. 이 모든 것이 은총의 문제다. 하지만 바울이 다른 곳에서 지적하듯이, 우리를 **구원하는** 은총은 우리를 **가르치는** 은총이기도 하다. 은총에 의해 구원을 받은 우리는 특정한 종류의 행동을 **배제하는** 방식으로 은총에 의해 살아야 한다. 바울은 이 이중적인 주장에 관해 이렇게 말한다.

> 모든 사람에게 구원을 주시는 하나님의 은혜가 나타나 우리를 양육하시되 경건하지 않은 것과 이 세상 정욕을 다 버리고 신중함과 의로움과 경건함으로 이 세상에 살고 복스러운 소망과 우리의 크신 하나님 구주 예수 그리스도의 영광이 나타나심을 기다리게 하셨으니, 그가 우리를 대신하여 자신을 주심은 모든 불법에서 우리를 속량하시고 우리를 깨끗하게 하사 선한 일을 열심히 하는 자기 백성이 되게 하려 하심이라. (딛 2:11~14)

좋은 부모와 좋은 교사는 아이들에게 해롭고 위험한 것들에 대해 '아니오'라고 말하는 법을 가르쳐야 한다는 것을 알고 있다. 그리고 이것이 바로 사랑이 넘치는 하나님의 은총이 행하는 바이다. 하나님은 은총으로 우리를 **구원하신** 다음 은총으로 우리를 **가르치신다.**

따라서 이것을 나 자신에게 적용하자면, 은총에 의해 구원을 받고 은총에 의해 가르침을 받은 그리스도 안에 있는 사람으로서 나는 '불경건과 세속적인 열정에 대해 "아니오"라고 말하는 것'이 뜻하는 바를 실천해야 한다. 나는 자신에게 이렇게 분명히 말해야 한다.

- 내가 가지 말아야 할 곳이 있다.
- 내가 보지 말아야 할 것들이 있다.
- 내가 재미 삼아 시도해서는 안 될 인간관계가 있다.
- 내가 내 입술을 통과하도록 내버려 두어서는 안 되는 단어들이 있다.
- 내가 참여하거나 전해주어서는 안 되는 대화가 있다.
- 내가 질책하거나 억눌러야 할 감정이 있다.
- 내가 굴복해서는 안 되는 욕망이 있다.
- 내가 다른 사람들에 대해 취해서는 안 되는 태도가 있다.
  등등 …

이는 세상에서 물러나 금욕적이며 은둔하는 삶을 살아야 한다는 뜻이 아니다. 모든 것이 협소하며 규칙에 의해 제한되는 부정적이며 율법주의적인 삶을 살아야 한다는 뜻도 아니다. 그리스도께서 우리를 기쁨이 넘치며 자유롭게 하는 자기 규율의 실천의 삶으로 부르셨음을 내가 인식한다는 뜻일 뿐이다. 왜냐하면 우리는 영적 전투를 벌이고 있으며, 우리의 죄악된 인간 본성이 일어나 우리 삶의 운전대를 잡으려고 할 때 우리는 그것을 단호하게 때려 눕혀야 하기 때문이다. 바울은 그것을 십자가에 못 박으라고 말한다.

하지만 이 구절에 대한 주석에서 장 칼뱅이 말했듯이 "육체의 죽음이 성령의 생명이다." 따라서 우리는 바울의 매우 긍정적인 결론으로 넘어가야 한다. 그는 우리가 율법에 의해 지배를 받아서도 안 되고 우리 자신의 죄악된 본성(육체)에 의해 지배를 받아서도 안 된다고 말했다.

우리는 성령께 "예"라고 말해야 한다 (갈 5:25)

"만일 우리가 성령으로 살면 또한 성령으로 행할지니."

이 문장은 바울이 글을 쓰는 매우 전형적인 방식을 보여준다. 이 문장은 진술과 명령을 결합하고 있다(혹은 직설법 다음에 명령법이 온다고 말할 수도 있다). 그는 우리 자신에 관한 진리를 말한 다음 우리가 그에 대한 반응으로서 무엇을 해야 하는지를 말한다.

또한 가운데 있는 '성령'이라는 단어가 마치 축처럼 자리잡고 아름다운 균형을 이루고 있다. 헬라어 어순은 이렇다.

"우리가 성령으로 살고 있으니 성령으로 행진합시다."

따라서 그는 사실로부터 시작한다. "우리는 성령으로 살고 있다." 이는 하나님이 그분의 성령을 통해 우리에게 새로운 생명을 주셨기 때문에 우리가 영적으로 살아있다는 뜻이다. 우리가 예수 그리스도에 대한 믿음으로 말미암아 거듭날 때 모든 것이 시작된다. 그 순간 하나님이 그분의 성령의 임재를 통해 우리 삶 속에 거하신다. 물론 성령의 임재는 곧 주 예수 그리스도의 임재다.

바울은 이 편지의 앞부분에서 그리스도인의 경험의 차원을 이미 강조한 바 있다. "내가 그리스도와 함께 십자가에 못 박혔나니 그런즉 이제는 내가 사는 것이 아니요 오직 내 안에 그리스도께서 사시는 것이라. 이제 내가 육체 가운데 사는 것은 나를 사랑하사 나를 위하여 자기 자신을 버리신 하나님의 아들을 믿는 믿음 안에서 사는 것이라"(갈 2:20).

그리고 바울의 설교를 통해 같은 경험을 하게 된 갈라디아인들은 바울의 말처럼 "성령으로 시작했다"(갈 3:3 너희가 이같이 어리석으냐 성령으로 시작하였다가 이제는 육체로 마치겠느냐). 즉 그들은 자신들에게 그리스도 안에 있는 새로운 생명과 아브라함의 자녀로서 하나님의 백성의 일원이 되는 복을 주신 분이 하나님의 성령이심을 알고 있다.

따라서 그는 "만일 우리가 성령으로 살면 또한 성령으로 행할지니"라고 말한다.[2]

바울은 생생한 은유를 사용한다. 이것은 걷기를 뜻하는 평범한 단어가 아니다. 이 단어는 군사 훈련이나 전쟁터를 향해서 행진하는 것과 연관된 단어다. 군인들은 힘을 합쳐, 말하자면 '어깨를 걸고' 적에 맞서기 위해 서로 보조를 맞추어 열 안에 머무르도록 훈련한다.

어렸을 때 나는 벨파스트(Belfast)의 소년 여단(Boys Brigade, 영국에서 시작된 청소년 사역단체—역주) 대원이었다(모두 벨파스트 34대대가 가장 뛰어나다고 생각했다!). 나는 일주일에 한 번씩 했던 행진 훈련을 생생히 기억한다. 장교의 명령에 귀를 기울이고 발걸음을 흩트리지 않으며 즉각적으로 그 명령을 따르는 것이 대단히 중요했다. 바울은 여기서 그와 비슷한 것을 염두에 두고 있다. 성령께서 "뒤로 돌아"라고 명령하시면 계속 직진하지 말라. 성령께서 "좌향좌"라고 말씀하시면 오른쪽으로 돌지 말라. 나는 벨파스트의 거리에서 공개 행진을 나갈 때 큰 북을 치는 소년(그 아이가 정말 부러웠다!) 바로 뒤, 우리 중대의 브라스 밴드 뒤에서 행진하는 것을 좋아했다. 그때 행진하는 소년들이 밴드의 박자를 따르는 것이 매우 중요했다. 다시 말해서, 밴드를 따르면 밴드와 보조를 맞출 수 있었다! 이것 역시 여기서 바울이 염두에 둔 이미지다. 하나님의 말씀의 가르침을 통해 성령의 음악과 박자에 귀를 기울이고 그분과 보조를 맞추라.

교회의 삶에서 성령의 역할을 어떻게 이해할 것인지는 논쟁적인 주제가 될 수도 있다는 것을 우리 모두가 알고 있다. 안타깝게도 사람들은 '성령께 이끌림'을 어떻게 이해해야 하는지, 혹은 예배와 사역에서 성령의 은사를 어떻게 사용해야 하는지에 관해 분열과 적대에 빠지기도 한다. 이것은 부끄러운 일이다. 왜냐하면 우리는 바울이 여기서 가르치는 바, 즉 성령께서 어떻게 우리의 **삶과 인격** 안에서 일하셔서 우리를 성령의 열매를 맺는 사람들이 되게 하시는지를 훨씬 더 많이 강조해야 하기 때문이다. 성령의 **은사**에 관해 가장 큰 소리로 말하는 이들이 성령의 **열매**는 그다지 많이 보여주지 못한다는 것은 대단히 아이러니하며 비극적인 일이다.

물론 반대의 위험도 있다. 즉 성령에 관한 이야기 때문에 생겨날 수도 있는 문제들을 지나치게 두려워하여 우리가 아예 그분을 소홀히 하는 위험도 있다. 어떤 이들은 성령보다 말씀을 더 강조하고 싶어한다. 하지만 이것은 거짓 이분법이며, 사도 바울의 가르침에도 충실하지 못한 태도일 뿐이다.

로잔 운동(Lausanne Movement)은 2010년 10월 케이프타운(Cape Town)에서 제3차 세계 복음화 대회를 개최했다. 이 대회에서는 〈케이프타운 서약 신앙고백과 행동〉(Cape Town Commitment: A Confession of Faith and a Call to Action)을 발표했다. 나는 이 서약에서 그리스도인의 삶에서, 구체적으로 세상 속에서 우리의 선교에 있어서 성령과 말씀 모두의 중요성을 강조한 점을 높이 평가한다. 이 점을 강조하는 단락들은 그대로 인용할 만한 가치가 있다. 이 선언문에서 특히 우리가 살아가며 우리 삶 속에서 하나님을 섬기는 방식을 통해—성령과 하나님의 말씀의 역사로서— 표현된 성품과 행동의 중요성을 어떻게 강조하고 있는지를 눈여겨보라.

먼저 이 서약에서는 성령에 관해 이렇게 말하고 있다.

> 우리는 삼위일체의 하나 됨 가운데 성부 하나님과 그의 아들과 함께 성령 하나님을 사랑한다. 성령은 하나님의 선교적 교회에 생명과 능력을 불어넣는 선교적 하나님과 선교적 아들의 영이시다. 그리스도에 대한 성령의 증거가 없는 한 우리의 증거는 헛되기에 우리는 성령을 사랑하며 그분의 임재를 기도한다. 죄를 깨닫게 하는 성령의 사역 없이 우리의 설교는 헛되며, 성령의 능력이 없는 우리의 선교는 단지 인간적인 노력일 뿐이다. 성령의 열매 없는 우리의 무기력한 삶은 복음의 아름다움을 결코 반영하지 못한다. (CTC I,5)

하나님의 말씀에 관해서는 이렇게 말한다. "우리는 하나님의 말씀을 사랑한다"라는 제목이 붙은 항목에는 "성경이 계시하는 인격," "성경이 말하는 이야기," "성경이 가르치는 진리"라는 제목을 달고 있는 세 단락이 포함되어 있다. 그다음에 이런 내용이 이어진다.

성경이 요구하는 삶. "말씀이 네 입에 있고 네 마음에 있으므로 그 말씀에 순종해야 한다." 예수님과 야고보는 단지 말씀을 듣는 자가 아니라 행하는 자가 되라고 요구하신다.[3] 성경은 그리스도인들과 그리스도인들의 공동체를 측정하는 삶의 방식을 제시한다. 아브라함부터 모세, 시편 기자들, 예언자들과 이스라엘의 지혜자들, 예수님과 사도들로부터 우리는 하나님에 대한 예배와 찬양, 그리고 신실한 삶의 기초인 정의, 긍휼, 겸손, 청렴, 정직, 진실함, 순결, 관용, 친절, 자기 부인, 환대, 화평케 함, 보복하지 않음, 선행, 용서, 기쁨, 자족과 사랑 등을 포함하는 성경적 생활양식을 배워야 한다.

우리는 성경의 가르침에 합당한 삶, 곧 그런 삶을 살기 위해 값비싼 대가를 지불하는 삶을 사랑하지 않으면서 하나님의 말씀을 사랑한다고 너무나 쉽게 말해왔다. 그러나 "변화된 삶보다 복음을 감동적으로 전하는 것은 없으며, 이것만큼 개인적 삶의 모순에 대한 냉혹한 평가도 없다. 우리는 거룩한 삶을 통해 복음의 아름다움을 드러내고 복음의 '빛'을 비추는 삶으로 그리스도의 복음의 가치를 나타내야 한다."[4] 따라서 우리는 그리스도의 복음을 위해 복음을 믿을 뿐 아니라 순종함으로써 하나님의 말씀에 대한 우리의 사랑을 증명하는 것에 헌신할 것을 다시 한번 다짐한다. 성경적 삶 없이 성경적 선교는 없다. (CTC I,6,D)

맺음말

우리는 존 스토트가 평생 날마다 했던 기도로 이 책을 시작했다. 이제 2007년 케직 사경회(Keswick Convention)에서 했던 그의 마지막 설교의 몇 구절을 인용함으로써 이 책을 마무리하려고 한다. 그는 자신의 마지막 책인《제자도》(The Radical Disciple)에 이 설교를 포함했다. 설교의 주제는 그리스도를 닮은 삶이었다. 그는 모든 그리스도인들을 향한 하나님의 가장 중요한 뜻은 우리가 점점 더 그리스도를 닮아가는 것이라고 열정적으로 설교했다.

우리는 그분의 성육신(빌립보서 2장)과 종으로서 섬기심(요한복음 13장), 자기를 내어주시는 사랑(십자가), 고통을 견디심(벧전 2:21), 사명(요 17:18, 20:21)에 있어서 그리스도를 닮아야 한다고 스토트는 주장했다.

베드로전서 2:21

이를 위하여 너희가 부르심을 받았으니 그리스도도 너희를 위하여 고난을 받으사 너희에게 본을 끼쳐 그 자취를 따라오게 하려 하셨느니라

요한복음 17:18

아버지께서 나를 세상에 보내신 것 같이 나도 그들을 세상에 보내었고

요한복음 20:21

예수께서 또 이르시되 너희에게 평강이 있을지어다 아버지께서 나를 보내신 것 같이 나도 너희를 보내노라

그런 다음 그는 이 주제로 넘어갔다.

그리스도를 닮은 삶과 전도의 어려움.

왜 복음을 전하는 우리의 노력이 실패하는 경우가 그토록 많을까? 몇 가지 이유를 제시할 수 있지만 … 주된 이유 중 하나는 우리가 선포하는 그리스도와 우리가 비슷해 보이지 않는다는 것이다. … 한번은 자신의 학생 중 한 사람이 그리스도인이라고 말했던 한 힌두교인 교수가 "그리스도인인 당신들이 예수처럼 산다면 인도는 내일 당신들의 발 앞에 무릎을 꿇을 것이다"라고 말했다.

마지막으로 존 스토트는 우리가 어떻게 그리스도를 닮을 수 있는지를 물었다. 그의 답은 그가 매일 했던 기도, 또한 이 책 전체와 연결된다.

그리스도를 닮은 삶과 성령의 내주

나는 그리스도를 닮은 삶에 관해 많은 이야기를 했다. 하지만 그것이 어떻게 우리에게 가능한가? 분명히 우리 자신의 힘으로는 불가능하지만, 하나님이 우리에게 그분의 성령을 주셔서 우리가 그분의 목적을 성취할 수 있게 하신다.

윌리엄 템플(William Temple)은 셰익스피어를 예로 들며 이렇게 주장했다.

나에게 햄릿이나 리어왕 같은 희곡을 주면서 나에게 그런 희곡을 쓰라고 말해 보아야 아무 소용이 없다. 셰익스피어는 그럴 수 있었지만 나는 그럴 수 없다.

예수의 삶과 같은 삶을 나에게 보여주면서 나에게 그런 삶을 살라고 말해 보아야 아무 소용이 없다. 예수께서는 그럴 수 있었지만 나는 그럴 수 없다.

하지만 셰익스피어의 천재성이 내 안에 들어와 살 수 있다면 나는 그와 같은 작품을 쓸 수 있다.

예수의 영이 내 안에 들어와 살 수 있다면 나는 그분과 같은 삶을 살 수 있다. 하나님의 목적은 우리를 그리스도처럼 만드시는 것이며, 하나님의 방법은 우리를 그분의 성령으로 가득 채우시는 것이다.[5]

알버트 오스본(Albert Orsborn)이 쓴 기도의 노래가 어쩌면 이 책을 마무리하는 가장 좋은 방법일 것이다. 이 노래에서는 그리스도를 닮은 삶에 대한 갈망과 성령의 역사를 한데 엮어 내고 있다.

예수의 아름다움이
그분이 놀라운 긍휼과 정결함이 내 안에 드러나게 하소서.
오 거룩하신 성령님,
예수의 아름다움이 내 안에 드러날 때까지
내 본성을 다 다듬어 주소서.

주

프롤로그

1. 바울이 '예수 그리스도'라는 통상적인 어순을 뒤집어서 '그리스도 예수'라고 말하는 이유는 '그리스도'가 그분의 성(姓)이 아님을 강조하기 위해서다. 이 말은 히브리어 단어 '메시아'―기름부음을 받은 자―를 헬라어로 번역한 말이다. 따라서 예수를 구약의 위대한 약속과 연결하면서 바울이 의도했던 바를 온전히 드러내기 위해 '그리스도 예수'를 '메시아 예수'로 번역하는 것이 유익할 때가 있다. 예수께서는 메시아로서, 즉 이스라엘의 왕이자 주, 구원자로서 그들을 구현하고 대표하시는 분이시다. 따라서 우리가 메시아께 속할 때(즉 우리가 '그리스도 안에' 있을 때), 우리는 하나님의 백성에 속하게 된다.

2. 2011년판 NIV의 번역("너희가 원하는 것을 하지 못하게 하려고")이 더 일반적인 이전의 번역("그 결과 너희는 원하는 것을 하지 못한다")보다 더 낫다. 여기서 바울의 주장은 로마서 7장 19절의 주장과 동일하지 않다. 로마서에서 바울은 자신이 해야 하고, 하고 싶어하는 바(하나님의 율법에 대한 순종)를 알고 있을 때도 그것을 행하지 못한다는 것을 깨닫고 슬퍼한다. 하지만 갈라디아서에서 그의 주장은 성령께서 우리가 육체의 욕망에 탐닉하며 살아가지 못하도록 막으신다―즉 우리가 우리의 타락하고 이기적인 의지에 따라 하고 싶어하는 바를 하지 못하도록 막으신다―는 것이다.

   - 로마서 7:9 전에 율법을 깨닫지 못했을 때에는 내가 살았더니 계

명이 이르매 죄는 살아나고 나는 죽었도다

01 사랑

1. 신명기 6장 5절과 레위기 19장 18절을 인용하는 마태복음 22장 37~40절.
   - 신명기 6:5 너는 마음을 다하고 뜻을 다하고 힘을 다하여 네 하나님 여호와를 사랑하라
   - 레위기 19:18 원수를 갚지 말며 동포를 원망하지 말며 네 이웃 사랑하기를 네 자신과 같이 사랑하라 나는 여호와이니라
   - 마태복음 22:37~40 예수께서 이르시되 네 마음을 다하고 목숨을 다하고 뜻을 다하여 주 너의 하나님을 사랑하라 하셨으니 이것이 크고 첫째 되는 계명이요 둘째도 그와 같으니 네 이웃을 네 자신 같이 사랑하라 하셨으니 이 두 계명이 온 율법과 선지자의 강령이니라

02 희락

1. 막 1:1, 14~15, 롬 1:1~4, 롬 4장, 고전 15:3~5, 벧전 2:24, 골 2:15, 히 2:14~15, 엡 2:14~18, 골 1:20, 고후 5:19.
2. 롬 4장, 빌 3:1~11, 롬 5:1~2, 8:1~4, 엡 1:7, 골 1:13~14, 벧전 1:3, 갈 3:26~4:7, 엡 2:19~22, 요 20:30~31, 요일 5:12~13, 롬 8:31~39.
3. *The Cape Town Commitment*, Part 1.8.b~c. 《케이프타운 서약: 하나님의 선교를 위한 복음주의 헌장》(IVP). 케이프타운 서약은 2010년 10월 남아프리카 공화국의 케이프타운에서 열린 제3차 세계 복음화를 위한 로잔 대회에서 발표한 선언문이다. 위의 성경 구

절 역시 이 문서의 본문에 포함되어 있다. 이 두 단락과 함께 이 성경 구절을 읽는 것만으로도 즐거운 성경 공부가 될 것이다!

06 양선

1. '착한'으로 번역된 단어는 **칼로스**로서 도덕적 올바름뿐 아니라 아름다움을 뜻하기도 한다.

07 충성

1. Eugene H. Peterson, *A Long Obedience in the Same Direction: Discipleship in an Instant Society* (Downers Grove: InterVarsity Press, 1980). 《한 길 가는 순례자》(IVP).

08 온유

1. 본문에서는 그저 베드로가 저주를 했다고만 한다. 대부분 영어 번역본에서는 '자신에 대해'라는 구절을 추가한다. 하지만 베드로가 "나는 나사렛 예수라는 이 사람을 알지 못합니다. 그에게 저주가 있기를!"이라고 말했을 수도 있다.

09 절제

1. 이것은 바울이 마지막 성령의 열매를 가리킬 때 사용한 것과 동일한 헬라어 단어다.
2. 디도서에서 바울이 사용한 헬라어는 '절제, 신중'으로 번역되며 성령의 열매의 마지막 덕목인 절제와는 다른 단어이지만, 매우 비슷한 뜻을 가지고 있다.

에필로그

1. *New English Bible*에서는 "이런 것들을 다루는 법이 없느니라"라
   고 번역한다.

2. *New English Bible*에서는 사실과 명령의 균형을 잘 포착하면서
   "성령이 우리 삶의 원천이라면[이것이 사실이다] 또한 성령께서 우리
   의 경로를 인도하게 하라[이것이 명령이다]"라고 번역한다.

3. 신명기 30:14, 마태복음 7:21~27, 누가복음 6:46, 야고보서
   1:22~24.

4. 〈마닐라 선언〉, 디도서 2:9~10.

5. John Stott, *The Radical Disciple: Wholehearted Christian Living*
   (IVP, 2010), 39~41. 《제자도》(IVP).